· 现代供应链管理与创新丛书 ·

赵玲 张莉 ◎ 著

供应链计划管理

与产销协同实践方法论

人民邮电出版社

北 京

图书在版编目（CIP）数据

供应链计划管理与产销协同实践方法论 / 赵玲，张莉著. -- 北京 : 人民邮电出版社，2025. --（现代供应链管理与创新丛书）. -- ISBN 978-7-115-66108-1

Ⅰ. F252.1

中国国家版本馆 CIP 数据核字第 2025SU1184 号

内 容 提 要

本书聚焦需求计划管理的理念共识达成、体系构建和方法设计，并以体系化、结构化而非碎片化、故事化的形式撰写而成，目的不仅是改变业务人士的认知，更是落地实践，成为一本关于需求计划管理的系统性、实操性指导手册。

本书从需求计划管理体系设计、需求计划的信息架构设计、需求计划编制模式设计、需求计划操作流程设计、需求计划技术路径设计、新产品预测管理体系设计、促销预测管理体系设计、需求计划评价体系设计、需求计划的推广应用以及典型行业需求计划管理实践分享等 10 个维度深度解析需求计划管理的底层逻辑，从结构化、体系化的原则出发，绘制了需求计划管理的全景视图。

本书适读人群包括企业高层管理者、供应链部门从业者及其他与需求预测有关的人员。

◆ 著　　　　赵 玲 张 莉
　　责任编辑　武恩玉
　　责任印制　彭志环

◆ 人民邮电出版社出版发行　　北京市丰台区成寿寺路 11 号
　　邮编　100164　电子邮件　315@ptpress.com.cn
　　网址　https://www.ptpress.com.cn
　　固安县铭成印刷有限公司印刷

◆ 开本：700×1000　1/16
　　印张：14.5　　　　　　　　　　2025 年 7 月第 1 版
　　字数：203 千字　　　　　　　　2025 年 9 月河北第 2 次印刷

定价：79.80 元

读者服务热线：(010)81055296　印装质量热线：(010)81055316
反盗版热线：(010)81055315

推荐序一

　　天下苦预测久矣，今天也终于收到了一本预测也极其不准的书，早几年就听说赵玲老师要出一本关于需求预测的书，但显然她对于本书出版时间的预测也不准。预测几乎是所有企业的痛点，也是所有企业的顽疾，久病不愈，甚至很多企业已经丧失改善预测的信心并不断要求后端更加敏捷和具有柔性，但是随着后端优化空间接近极限，预测问题又再次凸显。不过，也有一些企业把所有问题都推给预测不准，这样后端就可以心安理得地躺平。因此，预测本身的问题，以及由此而引发的连锁反应都是企业不得不面对的挑战。

　　首先我特别赞赏的是，本书中用需求计划替代了销售预测。不仅预测，所有的计划都是不准的。因此，预测本质就是对客户需求的主动管控，而计划二字则把预测的可控性和可管理性凸显了出来。初读一遍后，我发现本书完全是一本需求计划管理的实战操作手册，其中令人印象深刻的是，本书深刻地阐述了为何需求计划是七分管理和三分技术。在当下人工智能突飞猛进的年代，我们对技术寄予了极高的期待，但是在需求计划管理领域，人依然是最大的变数。不再完全依赖销售人员预测而是建立专业的需求计划职能部门，这竟然成为众多企业最难以逾越的鸿沟。以往的实践经验使我对这一点有着深刻共鸣，因为这是企业管理理念和风险管理模式的一次升维。有了专业组织之后，就要在管理方法论方面进行全新设计，而这也是本书令人震撼之处。当大部分人还沉迷于如何利用绩效激励来推动销售人员做好预测时，本书却给大家展现了专业而宏大的需求计划的编制模式、编制技术和编制流程。特别是，本书还对促销预测包括直播等极端场景给预测带来的挑战和应采取的应对措施做了案例分享。新品预测也是本书的一个亮点，"新品策略比新品预测更加重要"这句话也使本人深有共鸣。正如作者在书中所述，需求计划管理不是千场千链，而是万场万链，这也反过来再次证明需求计划管理是一门精深专业，而不是一份可以随意兼职的工作。

　　当你再看到需求计划的评估篇章时，你会发现你不仅不会预测，也不会评估。预测是不准的，而预测的偏差是可以管控的，但在管控之前，还需懂得如何评估预测偏差。本书还极具实战性地为需求计划管理人员提供了指导，使他们懂得如何既要坚持做一件永远也不会准确的事情，又要获得管理层和同僚的信任。最后本书还就不同行业的需求计划管理实践做了非常深刻而生动的分享，读者可以从中看到需求计划管理的行业差异和多样性。我相信即使你已经是一名非常专业的需求计划管理者，看完本书后自己的认知也会被再次刷新。如果对预测已经深感绝望，看完本书你一定会满血复活，因为对照本书，你会发现在需求计划管理方面自己什么都没有做，何谈改善。

　　20 年前，我将供应链管理理念引入中国，如今看到其在本土实践中的成功应用，深感欣慰。在供应链管理的诸多环节中，供应链计划管理尤为关键，而需求计划管理更是重中之重。赵玲老师深耕需求计划管理领域多年，是中国需求计划管理的拓荒者，她把多年的实践经验积累融入本书中，同时还邀请了有着国际顶级需求计划管理一线实战经验的张莉女士和有着深厚的预测技术沉淀的曹晖博士对本书的宽度和深度进行全方位的拓展，完美兑现了她的承诺"这是一场不可错过的需求计划管理的盛宴"。

屈卫强

上海联韬企业管理咨询有限公司总经理

推荐序二

国内能将理论和实践相结合的运营管理书籍实在太少了，很高兴有机会能读到赵玲老师、张莉老师撰写的这样的一部著作，推荐给大家。

古话说"凡事预则立"，然而事前的预先计划往往是和遇事时应作出的敏捷反应相对立的。某种程度上说，进入工业化时代更早、信息技术应用更成熟的西方企业偏向于通过计划驱动运营，而工业化时代晚、信息技术应用意识较弱的东方企业则偏重于现场、现时地解决问题，这一点主要体现为在生产运营管理上的西方物料需求计划（Material Requirement Planning，MRP）模式和东方的准时生产制（Just In Time，JIT）模式之间的理念差异。尽管 MRP 和 JIT 并不是截然对立的关系，然而在对计划的重视程度上，前者要明显高于后者。

近年来，随着市场动态化提升，人们越来越认为企业做计划是一件很困难的事情。为什么计划管理如此困难，甚至有很多企业认为"不可为"呢？这是因为我们处于越来越动态化的商业环境中，社会变化的节奏不断加快，客户的喜好越来越难以捉摸，越来越个性化。以时尚行业为例，商品推新的频率越来越快，如果这个频率足够快，那么计划在重要性方面就要排在敏捷反应之后了。

那么是不是快时尚模式之下，计划就不重要了呢？"快"只是表现，再快它也有不变的底层元素，本质上还是在生产衣服，依然有我们可以主动把控的影响因素。同时随着信息技术的发展，数据科学的功能也越来越强大，对于服装可以从更多的明确而稳定的商品特性维度，例如颜色、面料、外形、风格、配饰等，基于更细分的时间（时点和节奏）、空间（渠道和地点）、人群、气温等分析维度进行计划和预测。基本要素是不变的，变的只是各种动态组合。

因此，对管理者来说，是被多变的表象所迷惑，还是透过表象看到不变的本质，是相信数据并科学地计划，还是相信管理者直觉来应对市场变化？这种在理性的计算能力和感性的领导能力中进行平衡的学问，是需求计划管理的艺术所在，本书也恰好验证了这一点。

本书延续了赵玲老师一贯的写作风格，强调体系和架构，深究逻辑和细节，语言生动，案例丰富。无论你是专业人士还是职场小白，都能通过本书对需求计划管理形成全新的体系化的深度认知。需求计划管理作为供应链计划管理中最薄弱的环节，这种薄弱性不仅体现在企业实践中，同时也体现在管理理论中。显然，需求计划管理模块在多个方面均远落后于其他模块，而本书则完美地填补了这一空缺。另外，从本书的知识点的密集程度上可以感受赵玲老师、张莉老师和曹晖老师在体系框架、实战经验及预测算法领域的深厚积累。相信本书能够帮助企业更加从容地应对需求计划管理的挑战，无论遇到何种场景，企业都能在其中找到应对之策。

陈果

企业知识开源计划（BKOS）创始人

所有的等待都是为了更美好的相遇

如果供应链计划和产销协同管理是大供应链体系中的一顶皇冠，那需求计划管理就是皇冠上那颗璀璨的钻石，光芒四射，让人无法直视，但是我们最终还是决定要仔细鉴赏一下这颗神秘的钻石——"预测"。我本人深耕供应链计划和产销协同管理咨询与培训领域多年，是中国需求计划管理体系的拓荒者，也是跨行业实践经验的提炼者和体系的构建者，经历了中国制造业需求计划从无到有、从有到强的时代变迁。作为亲历者，我希望能够构建一套体系完善、逻辑严谨、指导实战的需求计划管理手册。今天，终于可以把这本书呈现给读者了。

如同预测总是不准的，此书的出版也是一拖再拖。幸运的是，数年的等待中遇到了两位优秀的同行者：张莉女士和曹晖博士。张莉有着20多年国际标杆消费品制造企业供应链管理实战经验，职业生涯贯穿供应链计划和执行全链条，特别是作为中国区需求计划总经理在需求计划管理领域深耕多年。懂生意，懂预测，懂供应链的痛点和需求，并领导中国区需求计划管理团队取得了卓越的战绩。张莉不仅战功显赫，对体系理解之深在制造业也难有人能出其之右。

如果说张莉在本书中更多是从艺术角度去展现需求计划管理的技巧，曹晖博士则更多是从技术角度去展现需求计划管理中的科学性。曹晖博士是预见科技的联合创始人、首席技术官，是一位人工智能专家，也曾任清华大学工业工程系副教授，博士生导师，京东物流数据决策研发部技术顾问，苏宁集团人工智能研发中心技术总监。曹晖博士将其数据决策专长与丰富的零售、快速消费品、机械制造等业务经验进行了深度融合，在供应链管理、需求预测、物流规划等领域积累了丰硕的研究成果。进入产业界后，他主持了多个零售和制造头部企业的供应链数字化转型工作。曹晖博士对数据和业务具有敏锐的洞察力，对相关的理论和技术有非常深刻的见解，是业界少有的业务和技术双精通的全能型技术专家。在本书中，曹晖博士对本书第 6 章"需求计划管理技术的深度探索"和第 12 章"需求计划管理系统不是你管理失败的借口"两章发挥了关键作用，同时曹晖博士也是此书的技术编辑，对全书做了校对和修订，对此书的出版做出了重要贡献，在此深表感谢。

本书同时还是 CDMP（Certified Demand Management Professional）需求预测规划师认证培训指定用书，CDMP 课程由美国国际预测者协会（International Institute of Forecasters，IIF）授权开展。IIF 成立于 1981 年，是国际公认的预测技术研发与应用领域的权威机构。IIF 是一家非营利性组织，致力于在全球推动预测技术的开发、培训、传播及多领域的应用。上海驭策供应链管理有限公司作为 IIF 中国区唯一授权的培训机构，专注于培养既有战略意识、体系理念，同时兼具实战能力的需求计划管理专业人士，帮助企业构建专业的需求计划管理体系。

今天有这个机会来分享"需求计划管理"这个主题，还要感谢我曾经的东家 SAP 公司所提供的能深度洞悉一个全新的管理领域的职业机会。本人曾经在 SAP 中国研究院任供应链计划方案架构师一职，其中需求计划是本人的重点研究模块。这是我第一次以一个系统方案研发者的视角，近距离、体系化、深度并微观地探究需求计划的整体框架、业务逻辑和实现方法，为我后续的发展打下了良好的专业基础。我本人的职业生涯中并没有需求计划管理的实践机会，因为那个年代需求计划职能基本尚未建立，所以本书的知识和实践积累都来自于我的历任公司、客户和同行的分享，我也只是一个整理者、提炼者。当然，贩卖知识和贩卖其他东西还是有很大不同的，尽管我、张莉及曹晖博士已经力求严谨，但是本书难免存在疏漏，甚至错误，还请大家不吝指正。再次感谢本书的合作者张莉和曹晖博士，因为他们的雪中送炭，才有了今天的这场"预测"盛宴。

赵玲

一次偶然相遇成就一场"预测"盛宴

如果你用一个人能理解的语言和他交谈，这种沟通会进入他的头脑。然而，如果你用他的母语和他交谈，则会深入他的内心。

——纳尔逊·曼德拉

和赵老师是通过一次很偶然的机会相识的。在一场供应链需求预测的行业交流会上，我拒绝了主办方的邀请，躲在人群之中。前面几个嘉宾的分享或空洞宽泛，或喋喋不休，我正打算找个机会出去透透气，赵老师的发言吸引了我，10分钟左右的分享，真实有深度，使我产生了共鸣。当时业界有很多关于直播供应链的讨论，针对直播带来需求的井喷和不确定性，有人就提出了量身定制的"直播供应链"概念。我对这样的提法是很不"感冒"的，回到预测的第一性原理，直播只是一种场景，一种促销场景而已。赵老师的话直达心灵，她说，做需求预测要站在上帝的视角审视，什么是不变的，什么是变的。这与我当时正在写的《需求预测的公理——万变不离其宗》这篇文章的主旨如出一辙，于是我和赵老师一见如故。

很开心能和赵老师及曹晖博士一起来完成这本书。赵老师有20多年的咨询经验，曾涉猎众多行业，这使她不但能抓准供应链深层次的痛点，还可以四两拨千斤地提供相应药方。我自己则在供应链领域工作了21年，从末端的制造部门，到计划部门，这其实也是从"技"到"术"再到"道"的过程。

本书按照 Why-What-How 的结构来构建，从理念开始，探究为什么需要预测管理：从经济的大环境到企业的小环境，供应链从以规模生产为主导，到以碎片化的消费者和客户需求为导向；从供应拉动到需求拉动，从追求规模到追求效率，需求计划管理应运而生。虽然在内外环境的压力下，需求计划管理的重要性已经被越来越多的企业所意识到，但还是会有不同的认知边界，如预测永远是不准的，所以更需要后端的灵活敏捷。然而，所有的灵活敏捷都是有成本的，预测的本质就是管理偏差。本书花了很大的篇幅，讲述一个企业如何有效地搭建需求预测部门、该部门所承担的角色、应用的关键的衡量指标。衡量指标是选择准确率还是偏差？别小看这个问题，我有个朋友是资深的供应链总裁，他就是用这个小小的衡量指标扭转了客户缺货率的问题。如何做长期、中期和短期预测，应该选择什么样的预测颗粒度，以及各种实操技术和对不同行业实践的深度解析等都是本书的核心内容。

做预测最难的是新项目预测和促销预测，我们试图通过例子引出理论，而理论可以适用于更多的场景。对不同业务做场景式预测，梳理业务流程，确定关键决策时间和找到决策参数，提取特征变量，对标历史数据，区分和找到哪些因素是不变的，哪些是变化的；哪些因素是可控的，哪些是不可控的；哪些是主导因素，哪些是次要因素。然后通过建模的方式找到相关系数最高的因子，不断验证，找到异常，调整因子，迭代算法。

预测管理一定是艺术与科学的完美结合。本书还专门阐述了如何提升商业敏感度，如何从数据里洞察业务的机会，如何推销你的预测。相信通过阅读本书你一定会有很多收获，这正是预测管理的魅力所在。

希望你读完这本书后的感觉和我一样，直达心灵。

张莉

目 录

第 **1** 章

什么是需求计划管理

　　需求计划是整个供应链计划体系的一部分，尽管它不是中枢或核心，却是整个供应链计划体系的源头，对整个供应链计划体系有着重要的影响。因此，需求计划受到的关注远大于其他计划，然而仅在战略上受重视还是不够的，其战术上的改善才是所有计划中最艰难的。

1.1 需求计划管理是对不确定性需求的管理

在谈需求计划管理之前，我们先厘清一下何为需求管理。企业的需求管理应该包括两个部分——确定性需求管理和不确定性需求管理，如图 1-1 所示。确定性需求就是客户订单（有些企业所谓的意向订单，本质上是一种不确定性需求，或一种预测）；不确定性需求就是需求计划，通常也被称为销售预测。需求计划可以分为短期（战术）需求计划、中期（战略）需求计划和长期（战略）需求计划。本书聚焦于不确定性需求管理，即需求计划管理。

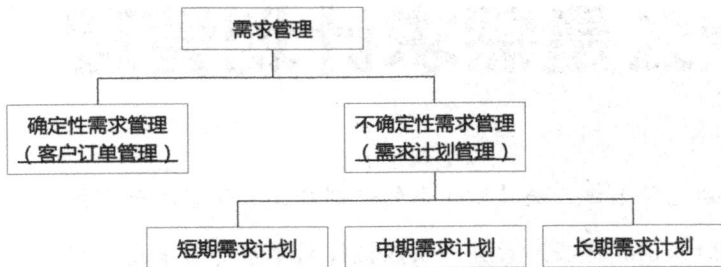

图 1-1　需求管理的组成

如果早 10 年写本书，我们会非常纠结于是使用需求计划、需求预测，还是销售预测。因为当时大部分人都不知道有个专业职能叫"需求计划"，更多人称之为销售预测，甚至销售计划等。那为何我们最后选择使用需求计划而不是销售预测呢？有位友人的话给了我们启发，他说预测（Forecasting）只是被动地看见结果，计划（Planning）是主动地塑造结果。所以，我们最终选择使用需求计划，而不是销售预测。有人认为销售人员提报的预测叫销售预测，而经过后端处理加工的预测叫需求计划。也有人认为需求计划只是一种更加专业的表述，强调了预测的严肃性和编制方法论的优化。我们认为名称的不同只是表象，二者本质上的差异是编制方法不同，为了区别不同的编制方法，我们更愿意使用需求计划来更加精准地表达对预测过程的主动管理。因此，我们在本书中主要使用需求计划，但是在部分场景下我们也遵循惯例使用预测，比如新产品预测、促销预测等。

1.2　需求计划管理改变企业风险管控模式

这里我们要和大家分享一个重要的观点：需求计划管理体系的建立会促使企业风险管控模式发生改变。需求计划管理是供应链管理的一部分，而供应链管理的最终目的是从全局视角去降低企业的运营风险，并提升企业的运营效率。从客户到品牌商再到供应商，每个环节本身都是波动制造者，也是相互的波动吸收者。但是这些波动不都是客观存在的，有些波动是主观造成的。从管理成本考虑，我们首先要做的不是吸收波动，而是管理波动。我们不仅要厘清有哪些波动，还要厘清哪些是可管控的波动，剩下的才是需要吸收的波动。但是即使是需要吸收的波动，也要看利用哪个环节吸收成本最低。如果所有波动都要吸收，那成本又会如何变化？所谓的供应链管理就是对收益、成本和现金流三者之间博弈关系的管理。

从图 1-2 中可以看到需求计划的位置。波动分为内部和外部波动，其中供应商和客户就是外部波动制造者，而对于内部而言，我们可以将波动分为需求端（信息流）和供应端（实物流）两大类。从波动吸收的视角来看，根据牛鞭效应，供应商端成本最高，其次是供应端，因为这些环节吸收波动都要消耗真金白银。可以让需求端吸收波动吗？需求端不仅仅有需求计划，还有客户交付策略、产品组合、促销计划等。这些环节就是"波动管理"的核心。比如，交付节奏的管控、客户交付策略的引导、促销和新产品管理的协同、产品复杂度的管控等，这些虽然也需要投入管理成本，但是其代价远低于供应端通过紧急生产、紧急采购和紧急发货等执行环节吸收波动带来的成本的增加。如果我们层层退守，最终将接力棒交给供应商去吸收波动，成本就会达到最高。所以，尽管供应商管理库存（Vendor Managed Inventory，VMI）成为当今热门的话题，但缺失计划体系改善基础的 VMI 本质上就是在掩盖和转嫁风险，并且企业最终将为此付出最大的代价。在采用粗放的 VMI 之后，采购部门会很快感受到"秋后算账"的滋味。幸运的是，大部分企业没有转移风险的品牌影响力，所以还是要自我管理和吸收波动。

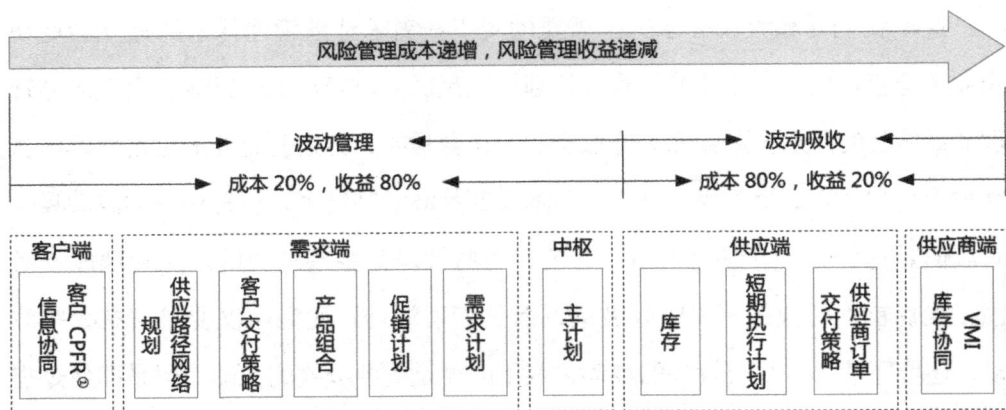

图 1-2 向上管理的思维

因为本书聚焦于需求计划，所以不去深度探讨整体供应链的风险管控。我们想表达的是，传统的供应链风险管控手段主要通过供应端吸收波动，要求后端更加敏捷、柔性和快速，缺乏整体最优的理念。而基于需求计划管理，供应链风险管控模式发生了改变——向上管理，防线前移。需求计划管理体系的建立将为企业增加一道新的风险管控防线。从信息链的角度看，客户才是上游，管控的代价从上游开始往下递增，管控的效果从上游开始往下递减。所以，解决问题的方法永远在问题的上一层，甚至上两层。

1.3 需求计划管理已成为企业管理必选项

前面对需求计划管理的本质做了阐述，并且强调了需求计划管理对于企业风险管控模式的影响。那么，既然需求计划管理这么重要，为何我们过去不重视它？

在过去几十年间，我们有 100 个理由可以既不需要重视需求，也不需要重视计

---

① CPFR 即 Collaborative Planning Foreasting and Replenishment，协同计划与补货管理。

划，更不用说需求计划。

1. 高速增长掩盖了所有问题，包括需求计划管理的重要性

经济的持续高速增长，满负荷的产能利用率，让我们埋头生产，不问前路。就算库存失衡，下个月也能卖出去，就算下个月卖不出去，再过几个月也能卖出去。我们无须担忧需求计划是否准确，甚至都没有一个集成计划体系，而只需要大量生产。我们更专注于如何提升生产效率（精益生产），如何提升发运效率（物流优化），如何发挥采购的规模优势（集中采购），如何开发出更多的产品（产品创新），如何开拓更多的渠道（全渠道转型）。我们不仅不用管需求，就算是供应端，我们也只需要注重供应执行，不需要强化计划管理。但是这个经济增长趋势在大约 10 年前开始出现拐点。所以，以前的成功方法不再适合今天的商业战场。

2. 紧急的事情永远优先

为何会有这么多紧急的事情要处理呢？因为计划混乱。如果计划不改善，紧急的事情永远不会减少，你也就永远没有时间去改善计划。要走出这个怪圈，就需要建立独立专业的供应链计划管理体系，执行管理和计划管理必须分离。

3. 只看重眼前利益

很多企业的决策者没有长远的眼光，而更加注重短期的利益或者局部的利益。比如，实施 VMI。很多企业在发现库存失衡问题难以解决时，不是思考如何提升计划的准确性，而是考虑如何将这个风险转移到供应商那里，在计划体系没有得到根本性改善的前提下，VMI 往往难以维持。但是计划体系的改善不是执行性改善，而是全局性改善，是对复杂的多要素职能之间联动关系的管理改善，会产生各种利益冲突，需要企业投入资源及拥有耐心。但崇尚投资少、见效快的企业决策者无法接受此类改善行为。

4. 保持"凌乱"的灵活性

如果说大家不重视计划改善，一定有人不同意这个说法："我们一直致力

于供应计划的柔性提升。"他们认为，在计划方面，最高境界就是生产计划不冻结，可以实时调整；采购计划不冻结，可以实时加急；补货计划不冻结，可以随时发运。无论前端需求如何变化，后端都可以应对！美其名曰，灵活性强！这是一种建立于混乱、低效、高成本基础上的灵活性。由于后端供应不计成本地付出，前端需求管理更无底线。这种一味以后端运营成本为代价的管理纵容，同样阻碍了前端需求计划管理能力的提升。

5. 销售应该负责预测

需求计划也被称为销售预测，大家认为这是销售人员的事情，他们最了解市场，他们不管谁管，谁销售谁预测。但是销售人员往往不这么认为，他们认为自己的本职不是预测或者计划，而是"开疆拓土"，保障供应是后端的职责。尽管如此，大部分企业的销售人员都在勉为其难地承担这一职责。从标杆企业的管理实践中我们可以看到，需求计划是一个独立的专业职能，不是一个销售人员能完成的事情，这个职能所需要的专业知识和素质要求也许是所有管理职能中最复杂的。

6. 企业内部不了解需求计划改善与利润提升的强关联性

"不了解"这个说法不是很妥当，应该说他们装作不知道，或者说目前利润比较高，他们认为需求计划改善与否无所谓。除了极少数能够居安思危的企业外，大部分企业需求计划职能的设立都是在受到某种冲击之后实现的，比如一次大量报废后、一次市场份额的丧失后或者利润持续下降后。当然也有部分不明真相的人被"预测永远是不准确的"这样的论点所误导，而无视预测偏差的不同给企业带来的巨大影响。

为何今天需求计划成为众多企业的心病？

不重视需求计划的理由竟然有6个，可能还有更多。但是重视需求计划则只需要一个理由，就是商业环境的改变。人适应环境的能力很强，企业也一样；人的适应性有差异，企业也一样。永远走在时代前列的咨询企业或者管理大师们已经帮我们指出问题所在：需求驱动供应链管理的时代已经来临，不过很多企业即使前端需求管理一片空白，后端计划管理还支离破碎，仍然顽强地喊出了智慧供应链的口号。随着中国经济发展进入新常态，随着中国成为世界工厂，同时也成了世界仓库，对需求的管理已经成为中国企业的刚需。我们从规模生产为主导到以碎片化的消费者和客户需求为导向，从供应拉动到需求拉动，需求驱动供应链管理的概念被一再强化，需求与供应在一起才能形成一个闭环的"链"。今天的商业环境激发了企业主动管理需求的意识，以至于一些企业甚至将"供应链部"改为"需求供应链管理部""供需计划部"等。无论企业发明多少新名词，管理的本质不会发生改变，只是管理的侧重点发生了变化。忽略需求管理的传统供应链管理与需求驱动的供应链管理的区别如表1-1所示。

表1-1 传统供应链管理与需求驱动的供应链管理的区别

传统供应链管理	需求驱动的供应链管理
更关注物流管理	更关注信息流管理
认为供应商是上游	认为客户是上游
更关注与供应商的协同	更关注与客户的协同
强调消除内部的牛鞭效应	更关注终端波动
只强调供应的"快"	更强调需求的"准"
反应型管理模式	预防型管理模式
用库存填补供需差异	用信息填补供需差异
注重执行管理和解决问题	注重计划管理和预防问题

从表1-1中可见，传统供应链管理更加关注对物流的管理，而需求驱动的供应链管理更加关注对信息流的管理。从关注硬性的执行管理转向软性的计划管理是供应链管理能力的提升。和一个国家一样，硬实力重要，而软实力也重要，软实力更加难以被模仿，难以快速形成。进入互联网经济时代后，技术创新快，商业模式多变，产品生命周期缩短。无论消费品领域还是工业品领域，大规模定制化逐渐替代大规模生产，成为主流的制造模式。需求不仅分散而且快速变化，此

时企业有两个选择：一是对需求视而不见，直接将压力传递给后端；二是向前一步控制偏差，让管理事半功倍，因为企业需要的不仅仅是达成交付，更是以最优的成本达成交付。

1.4 总结：从被动应对到主动管理

本章对需求计划管理的定位做了澄清，包括需求管理与需求计划管理和客户订单管理的关系、客户订单管理与需求计划管理的关系。需求计划管理不是需求管理的全部，客户订单管理也是需求管理的一部分。本章强调需求计划管理是企业对不确定性需求进行的一种更加主动而专业的管理，为企业的风险管控增加了一道防线，改变了以往对外部市场波动强吸收、弱管理的被动局面。本章也分享了建立需求计划管理体系所需打破的各种传统认知，明确了需求计划管理能力是企业在多变的商业环境下最迫切需要构建的创新性竞争力。企业风险管理从被动变为主动就差一个需求计划管理体系。

第2章

需求计划管理方法概述

需求计划管理作为供应链计划管理的一部分，首先服从供应链计划管理的整体方法论，但是需求计划管理本身也有其方法论，我们称其为"叠加制"。"叠加制"是基于整体编制模式而言的，需要根据不同的品类（常规需求计划、新品需求计划）或者不同的场景（基准需求计划、促销需求计划）来分别编制需求计划，然后合并计算最终需求。需求计划或者预测，从结果而言看似人人都会，但是专业人士和业余人士所取得的结果是大相径庭的。

2.1 需求计划管理中的马太效应

为了更好地理解不同需求计划编制方法的巨大差异，我们先来探讨需求计划管理中的马太效应。所谓马太效应，即强者愈强，弱者愈弱。这一现象在经济学和心理学等领域存在，在企业计划管理领域，尤其是需求计划管理领域，同样存在。大型外资企业普遍拥有专业的全职供应链计划管理团队，而在许多内资企业中，这样的团队却较少。许多企业不认为有必要设立独立的计划部门，更不用说需求计划部门了。计划人员通常向执行部门汇报，例如生产计划人员向生产经理汇报，采购计划人员向采购经理汇报。有些企业认为执行与计划应分离，以暴露问题并实现互相制衡。而其他企业则认为计划与执行的一体化可以避免责任推诿，提高效率。一些企业主张计划体系应层次分明、复杂而系统化，而另一些企业在互联网思维的推动下，倾向于简化流程，鼓励销售人员甚至是客户直接与生产、采购部门沟通。在这些不同理念的指导下，供应链计划管理在各企业中呈现出截然不同的风貌。

如果说供应链计划管理在不同企业间的差异很大，那么不同企业间的需求计划管理的差异则可以用天壤之别来形容。一些企业的销售人员自下而上逐层提交预测，通常每月花费 0.5~1 天来进行需求计划编制，而且这些需求计划的编制往往缺乏充分的信息支持，主要凭直觉进行。总的来说，这种做法非常简便，因为他们并不真正重视需求计划管理这一环节。然而，另一些企业的做法则令人吃惊。这些企业不仅设立了专门的需求计划管理团队，团队规模从十几人到数十人不等，还设有需求计划总监甚至需求计划副总裁的职位。在这些企业中，需求计划人员通常至少是助理经理级别，有的甚至没有需求计划员这一级别的职位。这是否反映了需求计划管理中的马太效应？

大家是否关注过哪类企业的供应链管理最为出色？人们经常讨论"多品种、

小批量"类型的企业，因为它们的业务在客观上的复杂度较高，吸引了众多专家提供策略和建议，大家在潜意识里也认为这些企业的供应链管理能力较为强大。然而，供应链管理能力最强的企业其实是业务看似简单的快消品制造企业。这是因为它们的利润空间较小，面临激烈的同质化竞争和低品牌忠诚度，它们不得不在供应链管理方面形成巨大的优势。无论外资还是内资，快消品制造企业在供应链管理方面都处于领先地位。拥有强大的供应链必然意味着拥有强大的供应链计划，而拥有强大的供应链计划则意味着拥有强大的需求计划。快消品制造企业，尤其是大型外资快消品制造企业，无疑是供应链计划管理能力和需求计划管理能力最强的企业。当然，其他行业也有表现出色的企业，尽管它们的利润率可能很高，但它们仍然保持警惕，不敢有丝毫懈怠。广大的"多品种、小批量"类型的制造企业（中国本土制造业的主力军）在经济周期出现转折之后，将面临计划管理的转型升级，但由于它们存在思维惯性，这种转型升级将是充满挑战的。

2.2 需求计划管理的发展历程

需求计划管理中的马太效应也可以在需求计划管理的发展历程中得到进一步验证。需求计划对于中国大部分企业而言是一个新课题，但是对于西方企业而言却是一个传统课题。因此，在这个方面我们不是第一个吃螃蟹的，我们有经验可以借鉴，尽管商业环境不同，但是底层的管理逻辑是相通的。

1. 需求计划在西方管理界的发展历程

尽管需求计划管理在中国是一项年轻的业务，但它在西方管理界已经曲曲折折地发展了近 30 年。1985 年之前，很少有企业有专门的需求计划岗位。所谓的需求计划都是经济学家对整个国民经济和企业整体运作做出的趋势判断，这些需求计划更加具有战略性（高颗粒度、长期）而非运作性（低颗粒度、短期）。随着需求计划管理的不断完善，今天我们看到的需求计划更加具有可操作性。21 世纪初，西方国家各行业的标杆企业开始展开专业的需求计划管理，形成专业的管理职能和团队。

由于需求计划业务相比其他业务更加注重数据分析，所以软件支撑成为必不可少的条件。随着数据存储技术和大数据计算技术的快速发展，大量的需求计划管理系统提供商开始出现。从需求计划管理系统的发展历程可以看到，需求计划管理最早起源于美国和欧洲，并已经有了近30年的历史，大部分专业需求计划管理软件也有了15年以上的发展历史。目前，全球基于企业应用的商业化需求计划管理系统有60多种。国外市场上不仅有几百万家成熟用户，各类专业软件企业、专业学术机构还形成了高层次的良性互动。规范化、规模化的行业协会和研究团体中最知名的有两家：一家是国际预测者协会，是国际公认的预测技术研发与应用领域的权威机构；另一家是商业预测与计划协会（Institute of Business Forecasting & Planning，IBF），成立于1982年，是会员制协会，定期在全球范围内举办各种专业会议，分享需求计划管理理论和实践创新，更加注重企业应用推广。美国生产与库存管理协会（American Production and Inventory Control Society，APICS）2011年再版的APICS系列丛书中，与需求计划相关的内容有极大的增加，几乎占整个系列的1/3，每个章节都有涉及。特别值得一提的是，销售与运营计划（Sales & Operations Planning，S&OP）、销售与运营协同计划管理和大数据理念的流行对需求计划管理起到了促进作用。总之，在过去的20多年里，需求计划在西方不仅有了成熟的理论体系，也积累了丰富的实践经验。

2. 需求计划在中国的发展历程

前文阐述了国内企业不重视需求计划的原因，除了环境因素，还有主观认知问题。但是改变还是在发生，2008年是需求计划管理的转折年。2008年之前，内资企业中几乎没有需求计划管理这个岗位，而外资企业中设立需求计划岗位的也是少之又少，主要是一些大型跨国企业，更多是消费品制造企业和大型零售企业，比如联合利华、宝洁、高露洁、施耐德、沃尔玛、迪卡侬、强生等，甚至一些外资企业将中国区域的需求计划管理职能放在国外，比如芬美意、康宝莱、塞维斯等。长期的需大于供，使得需求计划管理的必要性被掩盖了。其实，之前不仅是需求计划不受重视，所有计划类工作都不受重视。那时更强调只管拉车，不必看路，企业普遍认为"条条大路通罗马"。

2008年，全球金融危机对高速发展的中国经济也造成了影响。我们不去展开危机事件本身，但是这次危机对需求计划管理而言却是转机，也就是在2008年之后，更多外资企业开始将需求计划管理机制引入中国子公司，建立了专业的需求计划管理岗位。2012年左右，一批内资企业开始关注供应链计划管理，包括需求计划管理，但是他们更加注重系统应用，而不是体系的完善。同时，巨大的基础建设投资使得产能迅速扩大，受此影响，很多企业的产能严重过剩，中国不仅是世界工厂，还成了世界仓库。除了一部分企业在遭遇金融危机后产生需求计划管理意识，还有一些企业的需求计划管理体系是在遭受一次巨大的冲击后建立的。比如在医疗器械行业，对市场需求预判失误和对渠道商的过度压货导致了大量报废，这让一些企业感受到了需求计划管理失控的风险。尽管市场是最好的老师，但是好学生还是不多，大部分企业还是没有"转危为机"的认知或者能力，他们依然沉浸在过去的成功经验中，依然在危机发生后在销售端寻找解决方案。

2.3 需求计划管理从无到有是变革，不是转型

我们已经看到了不同企业在需求计划管理模式上的巨大差异，根据这种差异可以将企业分为有需求计划管理的企业和无需求计划管理的企业两类。我们在探讨企业需求计划管理从无到有的转变之前，首先要回答一个问题：要实现真正的需求计划管理，是让销售员和订单员兼职进行汇总提报和需求计划编制，还是必须设立专门的需求计划职能岗位？答案显然是后者，否则哪个职位不能兼任呢？企业不仅需要设立这一岗位，还必须有相应的部门。有人可能会问，许多总经理也兼任销售总监，难道他们不做销售管理吗？但在销售总监与总经理被一人兼任的情况下，他不可能拥有全局视角，不可能实现真正的产销协同，也不可能实现

高效的运营管理，这并不是一个正面的例子。不愿意设立独立的需求计划管理团队，不仅是资源投入问题，更多是认知问题。

1. 在缺乏需求计划管理的情况下，后端越敏捷，管理越混乱

许多供应链管理专家致力于使后端更加柔性，更精准地设定安全库存，以便后端更快响应前端的频繁变化。后端敏捷本无可厚非，但仅仅追求后端敏捷却是错误的，因为这样做会使企业付出巨大而不合理的代价，企业也会错失管控前端需求的机会。前端无所作为，后端疲于奔命，看似以客户为中心，但最终的成本还是由客户承担。

2. 过去可以选择不作为，但现在已经没有这个权利了

企业过去可以在需求计划方面选择不作为，现在已经不行了。西方有句谚语说，裁衣前量两次，剪一次就够了；如果只量一次，可能需要剪两次甚至三次，这就需要更多的布料和人工。这反映出一个简单的道理：时间就是金钱，需求计划管理刻不容缓。

3. 建立信任的成本很高，在博弈中生存的概率很低

实际上，不少企业已经意识到需求计划管理的重要性，并尝试建立新的职能部门，但很多尝试以失败告终。某需求计划总监认为，这个新职能部门首先要证明自己比销售部门做得更好，但在与销售部门的信任尚未完全建立的情况下，一时半会儿很难做到更好，这对于要求投资即刻见效的企业而言是难以接受的。其次，即使这个新职能部门确实做得更好，但由于企业过去没有相关的统计数据，这个新职能部门仍难以证明自己的优势，也就难以获得高层的坚定支持。最后，即使这个新职能部门能证明自己做得更好，但由于需求计划不可能100%准确，强势的销售部门有理由要求将原本由销售部门承担的需求计划不准带来的责任，如滞库、缺货、生产成本过高等的责任转移给需求计划部门。

2.4　简单事复杂做

《道德经》中有言："治大国，若烹小鲜。"需求计划管理也有类似的场景，你可以简单处理，也可以复杂管理，和做菜一样，看似人人能干，不同的人所取得的结果实则天差地别，听上去越容易的事情其实越难做。如果把需求计划的编制过程比作一道菜的制作过程，这道菜应该如何烹制呢？如果想要这道菜好吃并且品质稳定，首先需要有经过训练的专业厨师（专业的需求计划管理职能）、好的食材（各种结构化和真实的信息输入）、好的工艺设计（需求计划编制模式的设计），然后还需要一套好的厨具（需求计划编制的技术路径），最后要有一套规范的操作流程（需求计划编制的操作流程）去落地。为了让菜品质量能够持续提升，还需要一些规范的评价指标（需求计划的评价体系），比如色、香、味均要符合标准。此外，还要对一些特殊菜品的处理制定单独的管理规则（新品需求计划和促销需求计划）。这就是需求计划编制的方法论，和做菜一样。

大部分企业在做需求计划编制这道菜时，销售人员就是厨师，食材来自销售部门，在加工工艺、厨具配置和操作流程等方面销售人员则各行其是，菜品品质全看销售人员的心情和发挥。但是还有一部分企业却非常讲究，他们有经过训练的专业且稳定的厨师队伍，并积累了丰富经验。他们的食材不仅仅来自销售部门，还来自其他多种渠道，并有规范的收集和处理程序。他们有专业的加工工艺设计，还配备了专业的厨具和规范的操作流程，无论销售端如何变化，他们的程序和结果都是稳定而有效的。我们来总结一下专业厨师如何做菜：首先要建立专业职能，其次是基于所能获取的信息架构、可支撑的技术路径以及企业业务的不同场景（新品需求计划、基准需求计划、促销需求计划，或者按渠道、场景细分等）设计差异化的需求计划编制模式，最后设计需求计划的操作流程和评价体系。图2-1展示了需求计划编制方法论。但是和做菜一样，即使是专业厨师也会面对众口难调的挑战，需求计划的编制也是一样的，企业永远不会让所有人满意，需求计划也永远不会 100% 正确。从下一章开始，我们将一起深入了解这套方法论，体验一下专业厨师面临的挑战，掌握相应的应对方案。

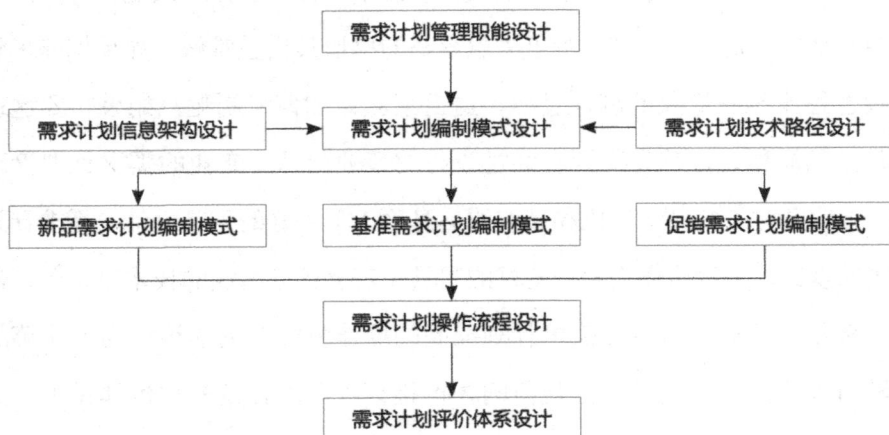

图 2-1　需求计划编制方法论

2.5　总结：从业余选手到专业选手

本章对需求计划管理的现状和面临的挑战做了进一步的阐述，也分享了国内外需求计划管理的发展历程，为大家呈现了企业在需求计划管理领域存在的巨大的认知偏差，也阐述了企业在需求计划管理方面由业余变得专业所需要经历的转型挑战，最后提供了由业余到专业的变革路径和方法论。在这一变革过程中，除了专业职能的建立，更重要的是信息架构、技术路径、编制模式、操作流程和评价体系的精心设计，需求计划管理体系的建立过程也是跨职能信任的建立过程。从宏观而言，需求计划管理不是企业的主观选择，而是环境变化和技术发展下的必然选择，国内外的领先实践企业已经为我们做出了榜样，我们应顺势而为，借势而立，尽可能领先竞争对手一步。

第 **3** 章

如何设立一个专业的需求计划管理体系

第 2 章介绍了构建需求计划管理体系的策略，本章将解答在构建该体系时会遇到的首个问题：为什么需要设立一个独立且专业的需求计划岗位？进而解答需求计划向谁汇报、需求计划部门的主要职责有哪些、其他岗位在需求计划管理中扮演什么角色、其他岗位与需求计划岗位如何相互协作、需求计划团队的职级应如何设置、团队规模应有多大、什么样的人才适合需求计划岗位、需求计划人员的职业发展前景如何等问题。

3.1　为何需要设立一个独立且专业的需求计划岗位

我们经常被问到这个问题：一定要设立一个独立且全职的需求计划岗位吗，为什么不能兼职啊？从理论上讲，所有岗位都可以兼职，采用兼职还是全职，最关键的考量因素是岗位职能的重要性和兼容性。

为何企业这么重视需求计划？除了前面说的环境压力之外，原因还包括需求计划的管理成本有限而需求计划出错的代价很大。需求计划是整个供应链管理的源头，正所谓失之毫厘，谬以千里，而参与需求计划管理的人再多也只是增加管理成本，但是需求计划产生偏差却会造成极高的执行成本。当然，更直接的回答是，在市场经济模式下，管理需求波动是一件和管理采购、销售一样重要，甚至比它们更加重要的事。一旦企业达到一定规模，有了风险管控意识，设立独立且专业的需求计划岗位就是必选项。

销售人员为何不能兼任需求计划人员？有些企业还是由销售人员做需求预测工作，这就导致下面这种情况经常出现：在生意蒸蒸日上的时候，预测需求会偏低，从而导致缺货；而在生意不好的时候，预测需求会偏高，从而导致库存积压或者报废。为什么会出现这种情况呢？简而言之，角色的设定和绩效目标决定了行为和结果。生意好的时候，超卖可以得到二次奖励；而生意不好的时候，更高的预测需求可以用来争取更多的资源。

销售人员和供应链计划人员特点对比分析如表 3-1 所示。前面 3 项优势并非销售人员独有，在对营销政策进行统筹管理的企业，供应链计划人员对市场信息和政策的了解还是相对充分的，同时当渠道库存归属后端管理时，渠道库存对供应链计划人员也是透明的，销售人员与供应链计划人员掌握的信息是完全对称的。销售人员做预测时只能提交业绩目标，这表达的是销售人员的企图心，而不是可执行的预测，但这不是销售人员的错。所以，有句话说得好，"销售人员是最差的预测者，但却是最好的调整者"。可能有读者会说，所谓销售人员做预测，不是一线销售人员做预测，而是销售经理做预测，销售经理视角更大，技能更强，也更加理性。但是实践会告诉你，大部分销售经理把这个工作"外包"给了负责订单的人员或者运营助理等。无论是哪类销售人员，销售才是他们的主营业务，除非企业对他们的绩效指标进行调整，比如增大利润率指标的权重，甚至加入滞库指标，在这种情况下，销售人员才可能会更加重视预测。但是大部分企业还是更重视销售业绩，特别是在经济下滑阶段。但即使企业以指标为牵引，在技术和精力层面，销售人员还是缺乏足够的支撑，因为需求计划需要慢思考，用理性做决策，而销售人员大多擅长快思考，常用直觉做决策。

表 3-1　销售人员和供应链计划人员特点对比分析

销售人员	供应链计划人员
掌握的市场信息多	掌握的市场信息少
掌握促销政策	有信息壁垒
掌握渠道库存	有信息壁垒
局部视角	全局视角
掌握的产品信息碎片化	掌握的产品信息完整
感性、激进	理性、平和
分析技能弱	分析技能强
流动快，人员无经验积累	相对稳定，人员有经验积累
目标导向极强	趋势导向为主
采用低颗粒度，预测误差大	遵循大数原则

3.2　需求计划岗位应该向谁汇报

如果有了独立、专业的需求计划岗位，那它应该向谁汇报呢？也就是现有职能架构中谁来承担需求计划不准的责任？这是被讨论得最多的问题之一。有人认为是销售部门，有人认为是供应链部门，还有市场、财务等部门，甚至有人认为应该是向总经理汇报需求计划，使需求计划既不依于附销售，也不依附于供应链。我们看看制造企业是如何处理的。图 3-1 的数据来自 2022 年对 200 多家泛制造企业的调研，这些企业的供应链管理水平整体高于行业平均水平，属于非典型性的样本数据。从图 3-1 中我们可以看出，在设立了独立的需求计划岗位的企业中，有 65.41% 是向供应部门汇报的，有 26.42% 向销售部门汇报，有 2.52% 向财务部门汇报，剩余 5.65% 向其他部门汇报。为何出现这样的和大部分人的想法（向销售部门汇报）不一致的情况呢？因为从本位主义角度看，销售部门不愿意承担编制需求计划的职责，他们认为自己的职责是"开疆拓土"，不是数据分析，他们也没有接受过需求计划管理方面的专业训练，对他们而言"不缺货胜过一切"。为何多数企业选择向供应部门汇报呢？因为该部门是需求计划不准确的最大受害者，他们有强烈的动机去改进需求计划，他们更加理性并具有极强的数据分析能力，在态度上也较保守，不会突破编制需求计划的底线。需求计划直接向总经理汇报，行不行？在实践上，确实有企业是这样安排的，而且大家如果关注需求计划岗位的招聘广告，就会发现其中很多要求应聘者有战略思维，因为这是一个方向性、策略性的岗位，胜任者需要站在企业甚至整个市场，而非部门的立场上进行决策。这个管理诉求从理论层面来看是比较合适的，但是可操作性不强，因为总经理直接管理需求计划的效果是有限的，大部分总经理对计划价值的认知也没达到一定的高度。所以许多优秀企业的实践告诉我们，在经历了反复试验和权衡后，大多数企业最终选择向供应部门汇报需求计划。

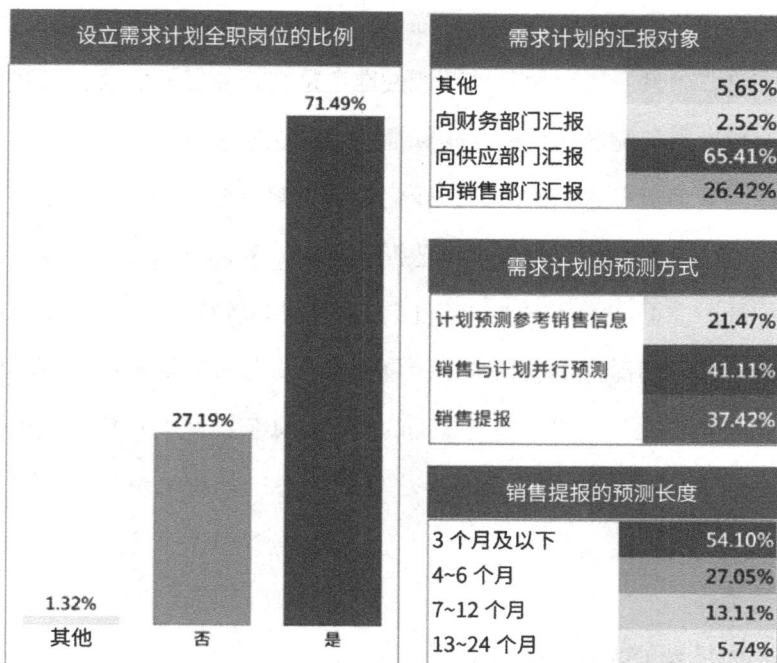

设立需求计划全职岗位的比例		
71.49%		
27.19%		
1.32%		
其他	否	是

需求计划的汇报对象	
其他	5.65%
向财务部门汇报	2.52%
向供应部门汇报	65.41%
向销售部门汇报	26.42%

需求计划的预测方式	
计划预测参考销售信息	21.47%
销售与计划并行预测	41.11%
销售提报	37.42%

销售提报的预测长度	
3 个月及以下	54.10%
4~6 个月	27.05%
7~12 个月	13.11%
13~24 个月	5.74%

图 3-1　需求计划职能调研

　　需求计划在什么情况下向销售部门汇报呢？如果一个企业的销售部门非常强势，向销售部门汇报需求计划就比较合适，理由是向强势部门汇报有利于这个部门的存活。但是，我们做过调研，凡是向销售部门汇报需求计划的企业，需求计划岗位在大部分情况下基本没有太大作为，只是目标分解器或销售所提报的预测数据的收集者，甚至被赋予更多其他职责，成了销售总监的助理。设置需求计划部门的目的就是以理性制衡强势的销售部门的激进，但是下属往往没有办法和领导抗衡，这也是需求计划岗位需要尽可能独立于销售部门的最根本的原因。

3.3　需求计划人员的使命不仅仅是做准预测

　　如果你认为把预测做准就是需求计划人员的唯一使命，那你一定不受销售部门欢迎，因为你可能会为了捍卫预测准确性而影响销售目标的达成。如果你得不到销售部门的支持，预测一定不会准。某国际消费品企业的需求计划经理向美国总部申请将预测准确性的考核标准降低，总部最后竟然批准了。她给总部提出的灵魂拷问是，做预测的目的是把预测做准还是帮企业提升业绩？答案当然是后者。如果这样，当预测准确性的考核标准过高，在超预测销售情况下，就会出现预测准确性与业绩提升之间的矛盾。我们借这个案例要说明的是，需求计划人员的使命不仅是做准预测，更是帮助企业提升业绩，若你不认同这一点，你就会站在销售部门的对立面。如何得到销售部门的信任和支持呢？首先你要支持销售部门，在帮助销售部门提升业绩的基础上再把预测做准。其实准确预测不仅仅是靠做好需求计划实现的，也要靠销售部门的配合。如何既帮助销售部门提升业绩，又确保预测准确呢？有这样一个三步法可以参考：事前关差，事中预警，事后分析。

1. 事前关差

关差管理是为了达成目标，我们可能认为关差一定是因为现实情况与目标有一段距离，其实关差可能是因为存在正偏差（低于目标），在有些情况下可能是因为存在负偏差（高于目标）。在企业考核指标牵引下的预测偏差会呈现方向性偏好，偏差的方向和偏差的幅度则能体现出企业在商业计划决策中的偏好。我们在预测中强调的是 50 : 50，即正负偏差的比例各占一半，偏差的方向比偏差的幅度更重要。某食品企业的订单履约率连续数月只有 60%，而过去 6 个月的预测竟然是 100% 的低预测，我们开出的"药方"是纠正偏差的方向，使正负偏差的比例为 50% : 50%。

在事前关差阶段，需求计划经理面临的第一个挑战是识别偏差，如果没有数年的专业积累，并且同步进行预测编制，恐怕无法判定偏差的方向和幅度。需求计划经理面临的第二个挑战是识别到偏差后敢不敢说出来。有人认为做需求计划最重要的品质是勇敢，企业设立需求计划岗位的目的就是预警风险。需求计划经理面临的第三个挑战是揭示了偏差后能否帮助销售部门纠正偏差。需求计划经理如何能比销售人员更懂得市场呢？其实很简单，只要需求计划经理比销售人员的更迭频率低，就可能比他们更懂市场。这是很多企业中的普遍现象，销售人员的更迭频率普遍比较高，而需求计划人员普遍相对稳定，在这种情况下，需求计划人员其实比新来的销售人员更熟悉业务，并且更有全局观。需求计划人员利用这个优势获得销售人员的信任，了解企业的市场策略和促销计划，并且有更大的视野，就可能帮助销售人员找到纠正偏差的解决方案。

2. 事中预警

识别偏差，说出偏差，提供关差建议，是需求计划经理在事前关差阶段的重要使命，但是即使有方案支持关差，需求计划经理还需要使这个方案落地。所谓的落地，就是同时推动和监控前端和后端的执行。在这里我们要特别强调一点，需求计划往往关注与前端的协同，前端理所当然地认为后端会支持它，而实际情况是，由于前端长期不靠谱，后端也丧失信心，转而擅自对需求计划做调整，进而导致目标无法达成，这反过来降低了前端对后端的信任度。需求计划经理需要解开这个前端、后端互为"人质"的死结。所以，需求计划经理需要借助一些手段或者工具去跟踪各职能的执行进度，基于过程导向而非结果导向的交付过程可视化平台往往是最有效的管控工具。

从勇敢揭示偏差到帮助方案落地，这似乎是不可能完成的，但是做到这一点的企业其实有很多。借用某位需求计划总经理的话，需求计划不仅是"上帝之眼"，甚至是"上帝之手"，需求计划部门应直接参与销售部门的会议，支持和影响其决策。在特殊时刻，需求计划部门的建议往往更加受到销售部门管理层的重视，因为需求计划部门的立场更加中立、数据更加真实、思虑更加周全、风险意识更强。

3. 事后分析

信任是通过需求计划部门与销售部门开展双向的互动建立起来的，大部分需求计划部门往往要求销售部门甚至经销商提供各种信息，但是很少进行有效、主动的针对性互动。比如，很多企业使用经销商管理系统（Dealer Management

System，DMS），以获取经销商的库存信息，这些库存信息对需求计划编制非常重要，但是因为各种原因，这些库存信息没有被应用。没有应用就没有反馈，也就没有双向互动，这些库存信息也就越来越不准。某照明设备制造商是少数可以做到让经销商对其库存信息进行反馈的企业之一，能不断提升经销商库存信息的精准性。某美妆产品制造商在促销活动结束后会对最佳和最坏实践进行分析，这不仅能为销售部门提供反馈，也能帮助自己积累市场经验和提升洞察力。在过去的几年，很多企业都在推进数字化进程，其中很重要的一步就是把所有的流程和数据（包括库存、实时销售情况、货架缺货率、促销价格等）打通，实现在线化，这让实时的分析、反馈和优化成为可能，可实现整个业务流程从计划到执行的快速闭环。

3.4 需求计划人员的能力、定位和职责

由于需求计划管理对于部分企业而言还属于新兴职能，他们往往不知道该招聘何种人才，这些人才需要具备哪些能力。我们和一些来自需求计划管理比较成熟的企业的同行交流时，发现他们特别看重任职者扎实的专业基础，这样的任职者可能是来自销售和市场部门的对品类有着深入理解的管理人员，或者是来自计划部门的对数据有着高度敏感性的人员。做需求计划是最需要大局观的工作之一，因为需求计划人员要关注的不是某一个客户或某一个订单，而是一个市场和一类产品，他们做的是计划型的工作，不是订单操作型的工作。

1. 需求计划人员需要具备哪些能力

（1）数据处理能力

数据处理能力不仅涉及技术应用，对需求计划人员而言，更关键的是分析思路。需求计划人员需准确判断哪些产品适合进行统计预测，哪些需人工干预。与一般数据处理相比，需求计划管理中的数据处理更注重如何提炼重点、聚焦本质和用交叉视角凸显矛盾。

（2）心理咨询能力

信息组合的力量是无穷的，需求计划人员必须具备极强的沟通能力，不仅要获得各方信任以获取信息，还要能够解释需求计划，说服各方这是共同的预测和劳动成果。此外，需求计划人员还需帮助销售部门预警进度，发现机会和疏导压力。

（3）演说推销能力

销售预测和股市预测一样，永远不会完全准确。因此，比结果更重要的是解读预测和说服大家相信你的预测，从而获得更强的执行力，使预测更准确。因此有人会说，预测不是算出来的，是执行出来的。该能力的重要性将在第11章"你会推销你的预测吗"中深入讨论。

（4）把握全局能力

需求计划人员需能预判预测本身及其变化对各部门的影响，即预判预测可能对全局产生的影响。例如，对于高预测，需适当控制成品库存；对于低预测，则需预留一定的原料和产能作为缓冲。需求计划人员在把握全局的基础上做出的预测有助于高层做出初步判断，推动跨部门决策，避免把时间浪费在"对质需求变化"而非"管理需求变化"上。

2. 如何给需求计划人员定位

为何市场上需求计划人员的工资明显高于供应计划人员？因为企业对需求计划人员的能力要求非常高，他们不仅要懂前端，还要懂后端，是连接前端和后端的重要桥梁；他们不仅能制衡强势的销售部门，帮助企业规避风险，还能减少前端对后端的冲击，帮助企业达成整体目标。做需求计划是企业中最具艺术性和科学性的工作之一，需求计划人员既要会算，又要会说，既要高瞻远瞩，又要脚踏实地，但是需求计划却永远不完全准确，在这样的压力下，需求计划人员应该如何定位？

需求计划管理是一个流程型职能，也就是说，需要其他职能的支持才能完成工作。所以，这个职能需要一种能力——影响力。这种影响力来自两个方面，一个方面是这个职能的行政影响力，另一个方面是需求计划人员本身的能力和威信。在一些在需求计划管理方面做得比较成熟的企业，需求计划人员通常是经理，或者至少是助理经理，必须是有经验的，也要有头衔，否则他们无法与销售总监、市场总监、制造总监以及其他管理者进行有效的对话，更无法影响这些管理者。

如何打造需求计划人员的影响力？一位有经验的需求计划经理说，她会从生产、采购、销售，甚至供应商、客户等方面，对需求计划没有达成的根本原因进行细分和挖掘，试图解释所有的差异，以至于被客服部门和供应计划部门认为是越权行事。她之所以这样做，就是要给预测偏差一个交代，明确到底是哪些环节影响了最终结果，从而为需求计划管理这个职能建立信用。如果销售部门信任需求计划人员，而需求计划人员最后因为各种原因没有帮助其达成目标，需求计划人员就会失去其信任。需求计划人员也不能辜负制造部门的信任，对于出货偏差要给予解释。需求计划人员需要通过信息分享和对信息的再处理体现自身作为中间环节的价值，以此来获得对前端和后端的影响力。

3. 需求计划人员的职责有哪些

从操作执行层面，我们可以将需求计划人员的主要职责归纳如下。

①负责预测流程的定义，包括输入、输出以及过程管控规则的确定。

②负责清理历史数据，并进行归因分析。

③通过定量和定性分析提供周期性的、不带偏向的基准预测。

④为决策者提供可执行的总预测，并进行风险评估和解读。

⑤为所有的预测参与者提供专业的沟通和技能培训。

⑥与研发、销售、营销、制造和财务等部门共同建立沟通规则。

⑦对需求计划的执行进行跟进，建立科学的预测评估体系。

⑧在有效的管理层次上推动激励性考核，形成良性循环。

⑨让自己从一个数据收集者转变为一个商业计划的分析者和决策者。

⑩让自己从需求计划经理转变成业务流程引领者和变革者。

总之，需求计划管理是一个需要有战略思维、全局意识，又要具备数据敏感性和数据处理能力的职能。另外，最重要的是，需求计划人员不仅需要专业、敬业，同时需要建立起个人权威，使需求计划管理真正成为企业的战略性职能。

表3-2所示为需求计划经理的工作计划安排示例，其向上承接企业销售策略和生意指标，向下连接供应体系，需要定期复盘和迭代预测模型。

表 3-2 需求计划经理的工作计划安排示例

时间	主要工作内容
年	参与企业全年目标、销售策略的制定
月	参与企业月度生意指标的回顾，根据最新的生意进度进行新一期预测
周	参与销售、品牌、供应链等部门的周会，提供建议和听取各个部门使用预测相关的修正意见
日	1. 核对实际销量与预测之间的偏差并及时修正和沟通； 2. 在既定的计划时间内完成后期预测并及时知会各个部门； 3. 定期清洗单品、客户、运输等由于其他流程更新带来的数据，确保提供最及时和正确的信息； 4. 项目相关：定期归纳总结和更新预测模型，提升预测的精准度

【案例分享】关于需求计划岗位的认知差异

A企业是一家知名的连锁零售企业，其需求计划团队成立于2008年，团队架构扁平，需求计划团队成员的职位均为主管及以上，但每个人下面没有任何下属人员，针对不同品牌直接进行需求计划的管理和编制。该企业认为需求计划岗位是一个具有高附加值的实战型岗位，该岗位上的人员需要时刻保持对数据和业务的敏感性，并以其专业度与相关部门形成高效协同。

A企业在需求计划管理方面走的是专业路线，更强调业务能力的纵深培养，并充分认识到该岗位的业务价值，这一点在薪酬上也得到充分体现。作为一个职业经理人，你可以选择拓展宽度，成为一个供应链经理，带领一个供应链团队，但是你也可以选择深耕一个领域，并在职业成就上达到同样的高度。A企业就提供了这样一个纵深发展的平台，能使员工真正实现专业、专精、专注。相比那些要求必须有一定数量的下属才能成为主管或经理的企业，这反映出A企业拥有一种完全不同的认知：一份工作的重要性不是以其管理的人数来判定的，而是以其对企业的价值来判定的。

3.5　预测不仅仅是需求计划部门的责任

由于对未来进行精准预测是一件很难的事情，所以很多人将需求计划职能视为烫手山芋。这其实是源于一种很片面的看法，即预测完全是需求计划部门的责任。需求计划的编制是一个信息收集、分析与决策的过程。所以，需求计划管理属于流程型职能，其作用的发挥需要多部门协作，预测不准不仅仅是需求计划部门的责任。准确地说，需求计划部门可以只是预测流程管理不当的责任者。

3.5.1　需求计划管理的支持者

需求计划管理与其他职能的区别是它有固定的支持者。支持者不评估需求计划，而是直接参与需求计划的编制。谁是支持者呢？所有能够提供有利于正确决策的信息的部门都可能成为需求计划管理的支持者，包括市场部门、订单管理部门、管理层、重要合作伙伴、供应计划部门、销售部门等。

1. 市场部门

市场部门在需求计划的编制过程中扮演着至关重要的角色，尤其是在消费品行业。在日常运作中，市场部门负责阐释企业的产品策略、市场策略及价格策略的变动，解读商业环境和行业法规的变化，参与新产品需求计划的编制，并提供相应的产品上市计划。此外，市场部门还负责产品退市的规划，包括阐释新旧产品间的关系等。

市场部门还需在快速发展的电商渠道中与销售部门共同主导流量策略的规

划和实施。为什么大多数市场部门不负责促销预测？因为促销预测分为市场促销（终端促销）预测和销售促销（渠道促销）预测，直接影响需求的通常是销售部负责的渠道促销预测。

此外，将商业环境的变化转化为需求计划的量化影响是一个漫长的积累过程，但这一过程对企业来说极为重要。总的来说，市场部门的参与能提升供应链对市场变化的响应速度。关于促销预测和新产品预测的更多内容，我们将在后续章节中详细讨论。

2. 订单管理部门

在大家的印象中，订单管理部门就是订单处理部门。订单管理部门如何支持需求计划管理呢？有一个现象不知道大家是否关注过：很多企业的第一代的需求计划经理来自订单管理部门，并且现在依然有一些工业品企业的需求计划是订单管理部门编制的。订单是确定性的需求，预测是不确定性的需求，二者关系密切，从确定性需求推断不确定性需求是合理的。订单与预测的区别是：一个采用的是订单视角，一个采用的是产品视角；一个每天忙于救火，一个需要深度分析；一个需要热情，一个需要冷静；从脑科学的角度看，一个需要快思考，一个需要慢思考，启动的是两套不同的思维。需求计划人员必须重视订单这个信息接口，以获取客户行为和环境变化的信息来验证自己的判断，但是让订单管理部门兼顾预测工作是值得商榷的。

3. 管理层

越来越多的企业管理层在实际操作中直接参与预测。虽然预测准确性并不影响管理层的绩效，但对上市企业而言，对销售额和利润的预测至关重要。通用电气的杰克·韦尔奇（Jack Welch）曾说，在他领导下的 20 年中，几乎每个季度的预测都在可接受的偏差范围内。这种卓越的掌控力使他赢得了董事会的充分信任和更大授权，从而创造了通用电气的辉煌。一位优秀的需求计划经理不仅是业务流程的引领者，也是变革者，而其背后的支持者是管理层——管理层在预测过程中需要解释外部宏观环境、内部政策及企划目标的变化。对管理层来说，其不仅关注准确预测，还关注如何推动企业实现目标。然而，现实中管理层往往未能给需求计划部门足够的支持，甚至常为另一方站台，削弱需求计划部门的威信，使其处于尴尬境地。

4. 重要合作伙伴

近年来库存管理改善明显，线下零售商、线上零售商由于系统健全、数据完整，往往是很多企业首选的合作伙伴。另外，传统经销商甚至批发商也是企业在有余力的情况下需要考虑的合作伙伴。总的来说，企业在需求计划管理方面的合作伙伴类别复杂：既有传统分销商，又有近年来积极涉猎新型 To B 业务的分销商，如"京喜通""新通路"等；还有很多分销商在推进线上化，在拼多多、淘宝上设立自营门店，更加直接地面对消费者；直接通过抖音电商销售产品的也不在少数，但这类合作伙伴相对良莠不齐，还难以在需求计划管理上与企业有效配合。

把经销商纳入预测流程，可以发挥经销商更接近消费者和终端的优势。同时，这对经销商也有激励和控制作用，还有助于强化品牌商与经销商的合作关系并为竞争者设置障碍。对于经销商来说，无论预测高于实际需求还是低于实际需求都是不利的，所以经销商会尽力把预测做准确。经销商与品牌商应该同呼吸、共命运，如果经销商不愿意分享信息，其主要障碍不是技术问题，就应该是品牌商的政策导向问题。但是无论怎样，让经销商承担预测不准的责任有助于提高预测准确性，经销商还能分担市场需求波动的风险。但经销商参与预测对品牌商有较高的要求：首先，品牌商要在产业链中有影响力；其次，品牌商要付出一定的管理成本，还要在执行上经受住考验。

5. 供应计划部门

供应计划部门为何要参与预测？供应计划部门的职责与上述其他支持者略有差异：上述其他支持者主要是对于非限制性预测进行调整，也就是完全从市场、客户的角度进行联合预测；供应计划部门则完全从供应能力角度分享信息，使得预测更有可操作性。供应计划部门主要负责对生产能力、物流能力和采购能力等的变化进行解释，并在供应能力不能满足市场需求时提供解决方案。

6. 销售部门

销售部门在预测过程中主要负责解释客户和竞争对手的变化，也可通过调整基准预测并对这些调整进行解释来参与预测。基层销售人员根据客户和产品类别维度提供解释，而区域经理则从区域或产品类别的维度进行分析。然而，基层销售人员对区域维度的变化不够敏感，区域经理也难以掌握具体的客户动态，而预测差异常由信息不对称造成。因此，基于两者的交叉视角的分享对需求计划部门提升市场预测能力至关重要。高质量的信息共享，包括负面信息的共享，是非常重要的。此外，销售人员的参与使他们更愿意为达成目标努力，并在未达成目标时承担责任。但实际上，由于需求计划部门的人数和定位限制，其成员通常只能与区域经理沟通，难以接触基层销售人员或销售总监。

为什么销售部门是需求计划管理的重要支持者？面对巨大的销售压力和频繁的外勤工作，支持需求计划管理对销售部门有何益处？准确的预测能帮助销售部门达成目标，但不准确的预测也不能成为其未达到目标的借口。需求计划部门与销售部门的关系是"相爱相杀"，管理层必须清醒地认识到这一点，并找到平衡两者关系的方法，使两者正确地表达观点和立场。

综上，预测不准不仅是需求计划部门的责任，也是需求计划管理的支持者的责任。无论是需求计划部门还是其他部门，都需要为需求计划管理贡献智慧，并承担相应责任。

3.5.2　需求计划的使用者

前面介绍了谁是需求计划管理的支持者，这里继续介绍谁是需求计划的使用者。编制需求计划不是为了自娱自乐，即使预测很准，但如果没有业务部门使用，它就不产生任何价值。我们经常看到销售部门提供的需求计划长期不准，导致供应端自行调整供应计划，使得销售部门就更加不在乎需求计划的准确性，从而使企业陷入恶性循环的现象。让需求计划被大家信任并使用，从而形成正向的循环是非常重要的，所以需求计划人员要了解大家对需求计划的诉求是什么。我们曾听到某企业的需求计划经理抱怨企业对需求计划的考核指标的颗粒度极低，为何会这样呢？因为这家企业的补货计划部门希望使用需求计划驱动分仓补货计划。因此，需求计划被哪些部门使用决定了需求计划部门未来的工作难度和工作量。需求计划的直接使用者有两类，一类是短期供应执行计划，另一类是中长期供应资源计划。

1. 短期需求计划驱动短期供应执行计划

以短期需求计划驱动短期的生产和采购计划是部分企业对于需求计划的唯一刚性需求。在大概 10 年前，大部分企业还是以基于历史消耗的再订货点法来编制生产或采购计划，但是环境的变化导致历史在未来的可重现性过低，因此这些企业逐步引入预测机制。起初，大部分企业都关注短期需求计划，一般是 3 个月以内的需求计划，其颗粒度往往为最小存货单位（Stock Keeping Unit，SKU）/ 工厂 / 月，主要用于驱动工厂的生产排产和物料采购。但有个别企业希望短期需求计划也可以驱动补货和调拨计划，因此，短期需求计划的颗粒度需要细化为 SKU/ 配送中心（Distribution Centre，DC）/ 周。目前大部分多工厂、多 DC 的企业，都是基于自下而上的补货订单来实现补货和调拨的，只有极少数预测质量较高的企业会使用预测驱动自上而下的补货和调拨。

2. 中长期需求计划驱动中长期供应资源计划

如果说驱动短期供应执行计划是刚需，那驱动中长期供应资源计划则是为了提高资源配置效率。目前只有部分企业有全职的中长期供应资源计划岗位或者主计划岗位，一般中长期供应资源计划的计划时间超过 6 个月。中长期供应资源计划包括产品规划、产能规划、人员规划、分仓规划、采购备货计划、路径规划、库存库容规划与慢动和缺货预警等。

【案例分享】计划能力提升速度跟不上供应网络扩张速度

某厨房家电制造商原来是通过阿里巴巴的分销体系来配送货物的，但是后来发现其库存分布不合理，会产生大量的调拨、呆滞库存及超期的仓储费用，因此放弃与阿里巴巴的分销体系合作，改为自建DC，以加快对市场需求的反应速度，但是结果也不理想。最后，该制造商只能将货物更多集中在二级DC，而不是三级DC。这反映出该制造商没有意识到其计划能力没有随着供应网络的扩张而提升，还不能支撑DC层面的计划需求。因此，企业的发展不仅需要硬实力的提升，还需要软实力的同步提升。

3. 生产、采购、销售、市场等执行部门是需求计划的使用者

《销售预测：方法 系统 管理》明确表明生产、采购、销售、市场等部门都是需求计划的使用者。从广义角度而言，的确如此，所有的工作都需要以需求计划为指引。但是从操作角度而言，需求计划的使用者分为两类：直接使用者和间接使用者。对于供应计划，无论中长期供应资源计划还是短期供应执行计划都是需求计划的直接使用者，和需求计划有着数学上的强逻辑关系。生产、采购、物流等部门执行供应计划，并不直接使用需求计划。销售、市场、财务等部门则间接参考需求计划，特别是销售部门，其行为更多地受销售目标驱动。而驱动供应商的，则是基于供应计划的采购计划。

【案例分享】你是否愿意为供应商提供预测：个人、部门和企业利益的博弈

杰妮是某零售连锁企业的需求计划经理，她对这个问题也感到非常困惑，认为就企业本身的管理体系和行业优势而言，企业是有能力为供应商提供全品项的需求计划的，但是企业现在并没有这样做，只是对新产品和促销增量部分提供预测。从专业角度而言，她很愿意去推动这件利人利己的事情，并且她的预测一定

比大部分供应商的预测更准。但是从现实利益的角度来说，她不能做这件事情，原因如下。

只要出现一次较大的偏差，她的预测就可能成为供应商推卸责任的借口。

如果做这件事情，计划部门会增加很多的沟通工作量，而计划部门与供应商目前没有直接沟通渠道，话语权很小。

企业或许愿意为推动这件事情增加计划部门的人手，但是这可能给不明事理的管理层提供一个推卸责任的借口：计划人员很多。

就算帮助供应商和企业改善了绩效，这个功劳也首先属于采购部门，而很难与计划部门直接挂钩。

总之，推动这件事情将导致计划部门增加工作量（人力成本），并要承担风险，最终的收益却可能与计划部门无关。这种个人、部门、企业，甚至供应商之间的利益博弈时时存在。

3.6　如何搭建需求计划团队

既然需求计划这么重要，那需求计划团队应该如何搭建？这也是大家最关心的问题之一，这里分享几个对需求计划团队搭建有较大影响的因素或者可以参考的方法论。

1. 行业特性差异

需求计划对于每个行业的重要性是不一样的。哪类行业最需要需求计划？规模大而利润率低的行业。哪类行业最容易做准需求计划呢？重复性制造行业或者按库存生产的行业。所以，整体而言，快消品制造行业更加重视需求计划，也更加容易做准需求计划。相比其他行业，其在需求计划上的资源投入也更大。

2. 管理理念差异

同样是快消品制造行业，不同企业的管理理念差异也很大。以饮品行业为例，D 企业有 25 个 SKU，100 亿元的产值，6 个需求计划人员；N 企业有 40 多个 SKU，200 亿元的产值，2 个需求计划人员；K 企业有 70 多个 SKU，300 亿元的产值，没有需求计划人员。决定需求计划团队规模大小的因素是管理层对需求计划的重视程度。

3. 四象限分类法

这是一个相对量化的人员规划方式，按产品的销量和波动性将所有产品放置在 4 个象限中：重要且稳定、重要但波动、不重要但稳定、不重要且波动。注意，如果产品有季节特征，在计算波动性系数时要忽略该季节特征。这 4 个象限中最关键的象限是重要但波动象限，如果这个象限中的产品过多，则需要增加需求计划人员。

4. 新职能的出现

在搭建需求计划团队时，一般纠结的是按哪个维度来规划职能架构，比如按产品、按区域或者按渠道。但是随着数据量的增加和预测技术的不断发展，一些新的职能开始出现，比如数据经理，他们主要负责清洗或者标注数据。而清洗或标注后的数据可以集中交给算法经理，然后算法经理借助预测模型统一进行基准预测。需求计划经理的工作更多是对基准预测进行调整，以及管理跨职能的信息分享、解读和共识。技术部门和业务部门实现了精细分工和协作。

5. 需求计划系统支撑

需求计划系统的支撑能保证提高效率，减少数据处理时间，但是需求计划系统本身不能保证提升预测准确性，这就好比尽管 500 强企业中的 80% 都使用了企业管理解决方案系统（Systems Applications and Products，SAP），但这不意味着企业用了 SAP 一定变成 500 强企业。工具就是工具，它的核心功能是提升效率，通过提升效率把耗费在处理数据上的时间省下来去分析、沟通，你就有可能提升预测准确性。

【案例分享】需求计划部的设置原则

某日化企业在中国的业务复杂，需要实现管理的标准化。从市场的角度而言，该企业涉及多个行业、多个渠道、多个品类；从供应链角度而言，该企业有多家工厂、多个分仓和上千个单品，很早就启用 SAP 进行日常运营管理，积累了长达十几年的运营数据。该企业的需求计划部的组织架构如下。

首先，依据品类进行划分，这充分考虑了行业特性差异。例如，为每个品类设置一名需求计划总监，其需要对品类市场、供应链特性较为了解。其次，依据渠道进行二次划分，该企业在多年的渠道经营中积累了很多市场认知，同时对品类形成了具有较强针对性的了解，能有效地满足具体客户的需求。该企业需求计划部在近年来新设立了渠道需求计划总监的岗位。在一些特定的场景下，这种组织架构能够极大地促进品类需求预测更加面向生意场景而非历史经验。最后，依据预测逻辑和算法需求划分，该企业需求计划部还设有专门的数据处理经理、项目经理、算法经理等岗位。这些岗位既有专职的，也有兼职的。

【案例分享】需求计划人必备的 3 件法宝：八爪鱼公仔、算盘和橡皮

某知名快消品巨头的需求计划总经理曾告诉我们，每次她的团队有新人加入时，她都会送上 3 件礼物——一个可爱的八爪鱼公仔、一个小巧精致的算盘和一块粉色或蓝色的橡皮。她认为这 3 件礼物反映了公司招人的准则。

第一个准则是热爱生意，聊起生意的时候两眼放光。她认为，虽然需求计划人员不是销售部门的，但必须是最懂生意的。做需求计划的关键是对生意的洞察，从多维度的数据背后看到生意的本质，洞察生意的机会与风险。所以，第一件礼物是八爪鱼公仔：①对生意的洞察力，需要眼观六路，耳听八方，了解消费者、客户、市场、竞争对手、供应链、品牌创新、业务决策等因素；②能全方位地了解实地发生的情况、事先制定的生意策略和实际执行时的偏差；③有连接和整合能力，能找到核心问题和突破点，四两拨千斤，并且最终产生正向的连锁

效应。

第二个准则是客观，避免偏见，有自己的独立判断和坚持，能够静下心来钻研数据，从各种维度去解读数据。数据不会骗人，但会有很多干扰内容，我们要有对数据抽丝剥茧的能力。现在有一些大数据工具可以清洗数据，让用户在黑匣子里寻找规律。但我们不仅要知其然，还要知其所以然，因此数据解读需要与业务相结合。所以，第二件礼物就是蕴含着中国传统智慧的算盘。算盘中为何代表大数的珠子在上面，代表小数的珠子在下面？这就是在提醒我们先要有对大局的把控，再去计较细节。算盘不是计算器，可以快速计算；也不是计算机，可以支持各种复杂算法。它的重要性在于以下两个方面。一是让人对数据敏感，可以沉下心来钻研数据。有的人喜欢用电子表格做各种计算分析，有的人喜欢在本子上计算和思考数据，沉浸在数据之中，和数据深入地交流，了解数据背后的本质，找到其中的重要信息。二是让人心中有数。我们参加各种业务会议时，领导经常会问一些数据，对此，我们平时就可以将一些重要数据记录在小本子上并对其加以记忆。做这些时更重要的是对大局的把控，知道什么是关键问题和核心本质。我们还要有快速心算的能力，以在日常业务场景中快速地做决策。

第三个准则是有效沟通和具备影响力。影响力的本质是信誉。第一件和第二件礼物可以帮助我们建立个人信誉，现在来聊聊沟通。有了对未来的预测，如何沟通和影响最终决策就成了关键。在最坏的情况下，我们有两个选择——做"墙头草"或"独行侠"，即谁的影响力大就听谁的，或是孤独地坚持自己的观点，面对各种质疑和挑战。在没有建立个人信誉的时候，谁都可以来质问我们，我们有可能处于被前后夹击、孤立无援的境地。这个时候，我们就需要一块橡皮——有理、有节、有情地沟通，从生意的本质和供应链的真正价值出发，分享我们的判断和结论。如果真的用力过度，就用橡皮"擦"一下，确保对事不对人，不断增强自己的抗压性。每用橡皮"擦"一次就获得一次新生，或者积累一些经验，或者增加一些信誉。

3.7　总结：从生意咨询师到价值创造者

在本章中，我们详细探讨了需求计划管理职能的构建。需求计划管理是一个流程型职能，涉及较多支持者、使用者，其作用的发挥需要跨职能的协同合作，其中支持者不仅要参与预测，更要积极承担相应的责任。因此，需求计划部门并非预测不准的唯一责任者，而是体系与流程的管理者。需求计划的使用者是需求计划的直接客户，他们的需求直接决定了需求计划的输出形式，他们的业绩提升是需求计划价值实现的关键。正如前文案例中某知名快消品巨头的需求计划总经理所总结的，需求计划人员必须热爱生意，能从数据中洞察商机与挑战，推动业务计划的制订与实施；同时，需求计划人员必须避免偏见，具备独立判断力，能对供应链的问题进行场景化、定制化的预测，创造供应链价值；最后，需求计划人员还应具备出色的沟通技巧，能利用数据和算法提升预测质量，扫清信任障碍，成为数字化的先锋。

第 **4** 章

编制需求计划需要哪些信息

如果将需求计划编制过程比作产品生产过程，那首先需要原料，这个原料就是"信息"。我们身处一个互联的世界、一个数据爆炸的世界、一个算力呈指数级增长的世界。我们对不确定性的恐惧往往源自信息不对称，很少有人能够在信息缺失的情况下做出正确的决策。认知有了，机会也有了，那我们是否敢于突破旧有的框架并勇敢迈入未知的领域呢？在其中起到决定性作用的就是信息，信息已经成为现代社会最重要的资源之一。

对于需求计划工作而言，信息到底是什么？信息如何获取？如何分析信息并将其应用到具体工作中？简单而言，用于支持企业计算或调整未来需求计划的信息可以分为两类：一类是直接的销售数据；另一类是间接的定性影响因素，需要结构化和量化后才能反映到需求计划中。在主观上，我们都已经接受了信息是无处不在的这个现实；但在客观上，我们还是面临着如何收集、处理和利用信息的挑战。

4.1 我们能获取哪些定量信息

企业编制需求计划时最常用的信息就是历史出货信息、订单信息以及渠道库存信息，但是不同企业基于不同的考量，对信息有着不一样的选择。

1. 发货数据或开票数据

据我们预估，70% 的企业直接按发货数据或开票数据编制需求计划（如果企业严格遵守财务制度，发货数据和开票数据在月的维度上应该是一致的）。那发货数据或开票数据就是客户的真实需求吗？当然不是，因为有些销售订单会因产能不足而失效或延误。但是，使用发货数据或开票数据的一个重要理由就是这些数据可以和财务数据保持一致。

2. 销售订单数据

销售订单数据就是客户真实需求吗？也不一定！因为很多企业没有严格的订单管理流程，订单的录入规则、变更规则、拆分规则、取消规则等都比较混乱，甚至销售订单往往只是销售人员提供的订单，并不是真实客户的订单，伪造和篡改的情况比比皆是。所以很多企业仅将销售订单数据作为参考，而敢于直接使用销售订单数据作为需求计划编制基础的企业，往往是具备完善的订单管理流程的企业。

3. 分仓出货数据或者经销商出货数据

具有分销网络的企业能够使用分仓和经销商的出货数据,这反映出企业管理意识的增强:不仅关注自己的库存,还关注渠道的库存。很多企业会说它们也有这个想法,但是在技术上无法实现。其实这根本不是技术问题,而是经销商是否愿意配合的问题。但是经销商是否愿意配合是由经销商的主观意识决定的吗?其实是由企业决定的。企业是否告诉经销商相关数据分享对双方的价值呢?如果企业可以告诉经销商,有了这个数据企业就可以为经销商提供配送建议和承担或预警可能的呆滞风险,同时还可能降低运输成本,让经销商有更多的精力去关注销售和开拓新市场,哪个经销商会拒绝分享呢?

【案例分享】推广自上而下的补货模式

某知名化妆品品牌与经销商合作关系紧密,经销商的数据对品牌方完全透明,品牌方基于经销商的数据为其提供补货和库存优化建议,并且能够基于经销商的建议进行供货量调整(自上而下与自下而上决策完全协同)。品牌方不仅有专业的需求计划团队、订单管理中心,同时还有独立的VMI团队帮助经销商优化库存。这不仅确保了经销商库存结构的合理健康,同时将缺货率降到最低。这种前瞻性、全局性的管理模式需要建立在经销商数据充分分享,以及品牌方同时具备基于数据进行决策的能力的基础上,二者缺一不可。

4. 终端数据

大家都希望获取终端数据,获取终端数据一般有3种方式:第一种是通过专柜获取,但前提是有专柜;第二种是在没有专柜的情况下,向零售商购买终端数据;第三种是通过市场调研公司或数据服务公司购买终端数据,但这些数据并不是100%真实的终端数据,而是基于样本数据进行统计处理后的数据。一家企业能够获取70%的终端数据已经相当不错了。获取终端数据的价值是什么呢?一家专柜销售的知名化妆品品牌基于终端数据的预测准确性在M-3(前置期为3个月）/SKU 层级达到 80%。这种高预测准确性是企业的专业需求计划能力的综合体现。

4.2　电商模式下信息的变化

随着互联网经济的蓬勃发展，大数据产业也风生水起。目前，大数据研究主要集中在精准营销和消费行为分析领域。线上交易的增多不仅提供了丰富的消费信息，还促进了电商预测的快速发展。除了传统交易模式下的订单、出货和库存信息，线上模式还能提供浏览量、访客数、浏览时长、加购量、收藏量、转化率和平均客单价等信息。对于"网红"电商，还可获取微博 / 微信的浏览量、转发量和互动关键词等额外信息。在电商模式下，销售额 ＝ 流量 × 转化率 × 客单价。这些信息不仅能每天获取，还能帮助企业了解销量变化及其背后的原因，这是传统交易模式无法比拟的优势。

4.3　如何获取更多的定性信息

我们已经明确了编制需求计划所需的定量信息，这些定量信息是编制需求计划的主要信息来源。然而，历史不会在未来完全重现，我们不仅需要了解已发生的事情，还要预见未来的商业环境，未来会有哪些潜在的风险和机会。因此，获取定量信息考验的是企业在需求计划管理方面的硬实力，获取定性信息则考验的是其软实力。

编制需求计划的第一步是通过各种定量信息（出货数据、库存数据、终端数据等）了解历史。但要了解未来，就要从各个维度对业务计划进行拆解，这是编制需求计划的核心能力。以某化妆品企业为例，其业务计划从品类 / 品牌开始，对不同零售形态整合的渠道（电商、现代连锁、高频商店和新零售）实施定制化的方案，对未来消费场景的长期设计和短期计划也会经过渠道传递给品类。业务计划包括新项目计划、促销计划（直播、大促等）、渠道覆盖计划、新渠道计划、新用户计划等。定性信息的提取就像剥洋葱一样，需要对业务计划一层一层地进行拆解。以新产品上市为例，我们要清楚新产品属于什么品类（高端品、超高品等），该品类涵盖哪些渠道，每个渠道覆盖多少种零售商店，每种零售商店有多少家店，每家店有多少货架（几行几列），是否有促销计划，等等。然后将这些重要的信息与新产品的数据库信息做相似性比对，进而编制需求计划。

在关于需求计划编制的日常实践中，浏览和分析业务数据（同时包含定量和定性信息）是每一天的开始。很多企业已经将业务数据放在网上，按照数据获取的频率和用户的需求进行实时更新，比如促销计划的执行情况、商店客流量、平均客单价、促销价格、竞品促销信息等。定性信息有两类：一类是对过去走势的解释，一类是对未来走势的预判。获取定性信息的方法有以下几种。

1. 偏差解释和主动引导

对于较大的偏差，需比较计划与实际执行的业务数据，分析原因。同时，与市场和销售部门进行沟通，探讨他们是否了解原因，确保信息同步和相互验证。有时，市场和销售人员可能无法直接推断原因，此时可以列出一些常见的市场或销售影响因素供他们确认，如新客户的加入、新产品的推出、价格变动、竞争对手的促销活动、天气因素、老客户的退市、销售激励政策的变化、销售指标的调整及促销的时间、强度、范围和详细计划的实施情况等。这要求需求计划人员具备一定的能力和实践经验。

2. 反馈互动

如果你已具备一定的知识储备和分析能力，可以与市场、销售部门同事分享分析结果，征求他们的修正建议。通过这种互动，你可以进一步验证自己的推断，增加自己的知识储备，提升自己的影响力和判断力，更重要的是你可以改善自己与市场、销售部门的信任关系。

3. 市场走访

需求计划人员应主动走访一线市场，参与促销活动，拜访门店和经销商。这不仅可以了解活动规则、订单流程、门店布置和沟通培训等信息，更能深入了解经销商的下单逻辑、仓储压力、资金压力、交期预期、批量接受度、其管理模式对销量的影响，以及他们对品牌方的建议。此外，这也有助于更有效地与一线人员沟通。

4. 参加市场和销售部门的会议

许多外资企业的做法是让需求计划人员直接参加市场和销售部门的内部会议，以获取第一手信息，降低再次沟通的成本，确保信息的一致性和及时性。同时，需求计划部门也可以为他们提供数据支持或风险预警。最重要的是，这样可以使需求计划部门直接了解市场和销售部门的真实动机和目标，避免相互猜测。

5. 项目跟进

在高科技行业和以项目型销售为主的企业中，需求计划人员会与销售人员一起参与关键项目的销售过程，这样需求计划人员既能支持销售工作，也能获取第一手客户信息，但须注意不要妨碍销售进程。由于项目型销售周期长、信息环节多，使用此方法的成本较高，因此该方法适用于利润较高的高科技行业。项目跟进对需求计划人员的能力要求较高，需要需求计划人员具备产品知识和销售经验。

6. 联合办公

许多外资企业会让需求计划人员与市场和销售人员一起办公，以便他们实时交流和互动，快速建立信任关系。需求计划人员虽非市场和销售人员，但须比他们更了解市场，拥有更广阔的视角。需要强调的是，预测不仅是通过计算实现的，更多是通过沟通实现的。统计预测和基准预测都是为了更有效地支持沟通。

7. 信息购买

购买市场信息是常见的做法。企业一方面可以购买一些重要城市的终端数据，尤其是在无法直接获取终端零售商的数据时；另一方面可以购买行业信息、关键竞品信息、天气信息，以及对行业有影响的期货交易信息等。尼尔森、各种行业协会、数据魔方、百度指数等，都可以提供有偿信息服务。

8. 指数牵引

这里要和大家分享一种非常有用的，并且具有前瞻性的方法——前置指数。所有企业都特别关心销售趋势的变化或转折点，因为"粗略地对"比"精确地错"更加重要。一些在需求计划管理方面做得比较完善的企业，会通过对企业销售有较大影响的行业指数判断未来的销售趋势。当然，这些指数必须是前置性的，而不是滞后性的，并且企业还需要找到它们与销量之间的时滞规律。

9. 高层指点

管理中遇到问题可以寻求高层的帮助，他们不仅有经验，还有资源，你也可以趁这个机会向他们传递积极信息。很多高层在行业内沉淀多年，有很强的行业洞察力和较高的市场敏锐度，往往能给你意想不到的方向性建议。切记，需求计划管理是一项战略性、方向性的管理工作，其性质与总经理的工作性质有异曲同工之处。你虽然是一个需求计划人员，但这不妨碍你将思维模式切换到总经理模式。

4.4　如何建立前端与后端的相互信任

需求计划的编制需要信息的支撑，而信息需要大家分享，分享则必须建立在双方互信的基础上。编制需求计划的最终目的是制衡权威和控制风险，所以，最终需求计划与前端既要相互独立，又要相互信任，这就是现代企业管理的精髓。因此，尽管所有企业似乎都很重视产销协同，但其实一部分企业根本不需要实现产销协同，因为他们还没有完成精细化分工，各业务本来就一锅粥似的混在一起，何须协同？所以，我们强调的产销协同和信息分享是建立在完成精细化分工的基础上的。这种相互信任如何建立呢？这是需求计划管理中最具挑战性的环节，没有之一。

在现实环境中，建立前端与后端的相互信任有各种方法，如打感情牌、专业牌，既没感情也不够专业的就耗时间，多沟通、多请教，主动帮助销售部门解决问题。当然，双方之间最大的信息壁垒还是源于围绕绩效考核的利益博弈。通过建立规则打破信息壁垒是一些优秀企业的管理模式，也就是所谓的流程信任。这种信任不是短时间内可以建立起来的，也不是一个部门或个人可以推动建立的。但是，只要管理层愿意推动，信息壁垒就会被逐步打破。S&OP 流程也是一种打破信息壁垒的官方规则。下面我们通过一些企业的实践案例来分享优秀企业是如何打破信息壁垒，建立跨部门信任的。

【案例分享】信任必须建立在价值之上

所有的信任与合作都是建立在共同利益的基础之上的，需求计划经理与销售经理和市场经理是否有共同利益或共同的绩效指标呢？如果既没有共同利益，也没有共同的绩效指标，需求计划经理在获取促销信息、客户信息的同时，又能给销售和市场部门带来哪些好处呢？他们是否能共赢呢？

①你能够帮助他们减少缺货吗？

②你能够为促销计划提供建设性的建议吗？

③你能够预警可能存在的库存呆滞风险吗？

④你能够为可能的不确定性提供预案吗？

⑤你能够为他们的销售方向提供建设性建议吗？

⑥你能够为他们提供销售趋势变化预警吗？

⑦你能够尽已所能地帮助他们解决交付难题吗？

⑧你能够为销售和市场总监提供最真实的评估报告吗？

⑨你能够在他们遇到挫折时为他们提供建议吗？

⑩你能够与他们建立个人友谊吗？

【案例分享】严格的信息分享规则和专业的促销支持职能

在某些消费品企业，市场和销售部门不能提前分享促销计划是因为担心计划被泄露而影响终端促销效果，或者导致渠道购买行为的提前或延后。即便存在泄密的可能，难道不是市场和销售部门比需求计划部门更容易泄密吗？在一些外资为主的消费品企业，通常没有泄密的可能，因为他们在促销计划管理方面有严格的规则。比如，必须提前 3 个月确认促销计划，包括促销的品质和初步的销量预估，但是销量预估将随着时间而调整。在供应链管理部门下面，有些企业除了设置独立的需求计划部门外，还设置了独立的促销支持部门，专门对接市场和销售部门，支持促销计划在后端的实施。

【案例分享】不是我不告诉你，而是我也不知道

在前面的案例中，销售和市场部门知道促销计划，但还有一种情况是他们也不知道何时促销、如何促销。比如，当他们发现月末或季末无法达成指标时，就可能突然发起一个促销活动。如果是这种情况，反而需要需求计划部门进行全面判断，及时警示销售和市场部门，甚至基于目前的目标达成进度和前期的促销效果为他们的目标达成提供详细的建议。比如，应该促销哪些产品，采用哪种方式更有效，促销的时长，等等。一位优秀的需求计划经理，不仅要预测需求，而且要引导需求，帮助销售和市场部门达成目标。在销售和市场部门只销不管，或者销售和市场人员变动较大的消费品企业，如果正好设置了专业的需求计划人员，那么更加稳定的需求计划人员往往对促销有更大的主导权或影响力。

【案例分享】你不告诉我，我做得很差。我做得差，你越不信任我，我做得越差

当然，还有一种情况是销售和市场部门知道客户变化或促销信息，但是不愿意为需求计划部门提供准确的信息，这主要是因为他们对需求计划部门不信任（往往发生在工业品企业）。而他们越不提供有效信息，需求计划质量就越差，

导致缺货滞库以及紧急发运、采购和生产问题频繁出现。这些情况的频繁出现，导致销售和市场部门更不信任需求计划部门，这样企业便陷入恶性循环。虽然他们都有问题，但主要的责任往往由需求计划部门承担。你也许能做出很准确的预测，但是你没有很好地推销你的预测，或者说你没有成功地推销你自己。你要让销售和市场部门理解你的预测方法和假设前提。管理层也需要告诉销售和市场部门，如果他们不信任需求计划部门，他们就全权负责预测，并协调供货。

【案例分享】我们不谈预测，谈生意计划

关于如何与销售和市场部门建立信任关系，人们有不同的见解。李锦记的前运营总监晏旭先生在一次会议中和大家分享过一则令人印象深刻的个人感悟。他建议我们不要总是使用计划、预测这样的词去与销售和市场部门沟通，因为他们不是做预测的，他们的本职是"攻城略地"，他们喜欢谈的是生意机会或生意计划。如果我们使用生意计划这样的词和他们沟通，一定会得到积极的响应，因为我们在帮助销售和市场部门找到生意发展的机会的同时，也找到了我们需要的需求计划。如果你不知道如何与销售和市场部门沟通，下面的问题供你参考。

①最近是否有新店开张计划？

②最近是否有新产品上市计划？

③最近是否有价格调整计划？

④客户是否有促销计划？

⑤是否有客户要终止合作？

⑥是否有产品要退出市场？

⑦同样的产品是否出现了区域间的销售不平衡问题？原因是什么？

⑧低卖区域是否还有机会？超卖区域是否有风险？

⑨竞争对手有变化吗？

⑩法规政策的变化是否有影响？

人员的周转率决定你的话语权，销售和市场人员变动大，而需求计划人员相对稳定，则需求计划人员往往有更大的话语权，可以将需求计划职能的平衡和引导作用发挥得更加到位。

4.5　绩效考核是最硬的信息壁垒

前面通过一些案例和大家分享了如何与销售和市场部门建立信任，建立信任的目的其实远不止分享信息，还包括使需求计划管理职能持续优化。前面说的信息壁垒都是一些软性壁垒，但也有一些是硬性壁垒，比如绩效考核，这类壁垒就很难通过建立信任来突破。所谓产销之间的矛盾本质上还是和绩效考核有关，也和利益有关。所以，很多企业开始关注产销协同后，都是通过交叉绩效考核来引导双方实现协同的。比如，销售和市场部门可能不需要对整体库存周转率负责，但是需要承担库存呆滞的风险，有些企业甚至会考核这两个部门的现金流。生产部门除了对生产成本负责外，也需要对交付率负责。当然，不同部门的考核侧重点不一样，但唯一需要考核各种指标的就是供应链计划部门。因此，需求计划经理需要正确判断企业目前所处的发展阶段，企业更多追求市场份额还是市场利润，销售和市场部门的绩效考核指标是什么，等等。如果企业没有准备好开始精益化供应链管理，需求计划经理就需要重新定位需求计划以及与销售和市场部门的合作模式。如果企业已经设立了需求计划管理职能，则说明企业已经进入了利润导向的发展阶段。所以，利用绩效考核体系的调整来推动产销关系的改善是最有效、最直接的手段。

4.6　总结：从内部信息到外部信息

需求计划的编制是信息收集、分析和处理的过程，信息的数量和质量至关重要。很多时候，决策的差异主要由信息不对称引起。因此，保证信息的完整性是需求计划管理的基础。然而，互联网的普及导致了信息过载，有些信息甚至成为干扰因素，使人们陷入信息黑洞。因此，我们需要学会甄别和选择信息，聚焦主要矛盾。掌握了关键信息后，我们面临的另一个挑战是如何有效处理这些信息。就像拥有了优质食材后，关键在于如何烹饪出美味佳肴。选择处理信息的关键层级或颗粒度将直接影响预测的准确性。我们需要从数学角度思考，同时考虑业务特性。方法论正确与否将直接影响效率，正确则能事半功倍。

第 5 章

需求计划的编制模式和操作流程

　　本章对于非专业人员而言可能有些复杂，我们希望给大家展示需求计划编制模式的多样性和操作流程的统一性，让大家感受需求计划管理中的艺术性。为何需求计划要从编制模式和操作流程两种视角去描述呢？因为尽管从操作视角看，需求计划的编制模式和操作流程有些相似，但需求计划的编制模式有上万种不同的组合，并且其底层逻辑大相径庭。同时，因为选择的数据不同，同一种模式还可以进行细分。所以需求计划编制模式的设计本身就是企业的一个复杂决策，能反映不同企业在管理理念上的巨大差异。

5.1　何为需求计划的编制模式

你是否感觉到，在编制需求计划时我们往往会遇到如下问题。

①预测类别：是否针对所有产品都采用同一种需求计划编制方法？

②技术路径：是否都依赖销售部门提报？还是需求计划团队也参与预测？或者使用统计预测技术，甚至使用人工智能算法进行预测？

③协同模式：大家都做全品项预测还是针对不同产品类别进行不同的预测？

④数据层级：是使用工厂的发货数据还是使用分仓的出货数据，甚至终端的出货数据？

⑤数据类型：是基于销售订单数据还是基于实际出货数据进行预测？

⑥预测层级 – 产品层级：是基于产品小类层级进行预测，还是基于 SKU 进行预测，甚至是否可以基于半成品或原料层级进行预测？

⑦预测层级 – 组织层级：是基于大区层级进行预测，还是基于省、市，甚至客户层级进行预测？

⑧期间参数 – 期间间隔：是按月预测、按周预测，还是按前周后月预测，或者选择其他时间颗粒度？

⑨期间参数 – 期间跨度：是对所有产品都做 12 个月的预测，还是对常规品做 12 个月的预测，但对新品做 3 个月的预测？

⑩期间参数 – 更新频率：是每月更新一次预测结果、每周更新一次预测结果，还是每双周更新一次预测结果？

⑪分解规则：分解是预测编制最重要的技术，一旦不是在 SKU/ 工厂层级编制预测，则必然会面临如何分解的挑战。

上述问题是编制需求计划时必然会遇到的，我们通常会简单处理，对所有产品一视同仁。但是理性告诉我们，预测的目的可能是不同的，不同的产品有不同的市场特性和适用场景，而不同的技术路径适用不同的业务场景，不同的协同模式也有不同的牵引方向，甚至使用不同数据、在不同层级上预测等都会带来很大的差异。这是无法回避的选择挑战，这些选择的组合就形成了需求计划的编制模式。图 5-1 展示了 8 个大的选择维度、11 个小的选择维度，每个选择维度下有 2~7 个不同的选项，因此不同的选择组合就有上百万种。当然，不是所有的选择组合都是有意义的。所以，需求计划的编制模式设计是一个复杂的选择过程，不仅要从科学角度考虑适用性，还要从落地角度考虑可执行性。比如，当你选择使用人工智能算法进行预测时，则需要在更低的颗粒度上进行预测，需要更多的终端数据，需要对大量数据进行打标，对算法进行定制化处理，这可能需要设立专职的数据处理人员和算法设计人员，相关的组织架构也有可能需要重新调整。但是如果你选择经典统计预测，你应该基于大数据，在更高的颗粒度上进行预测，通过经验丰富的需求计划人员把握大势，进行人工调整，这对人的能力要求更高。所以，需求计划编制是一个复杂而充满挑战的管理决策过程。下面将对每个选择维度进行深入介绍。

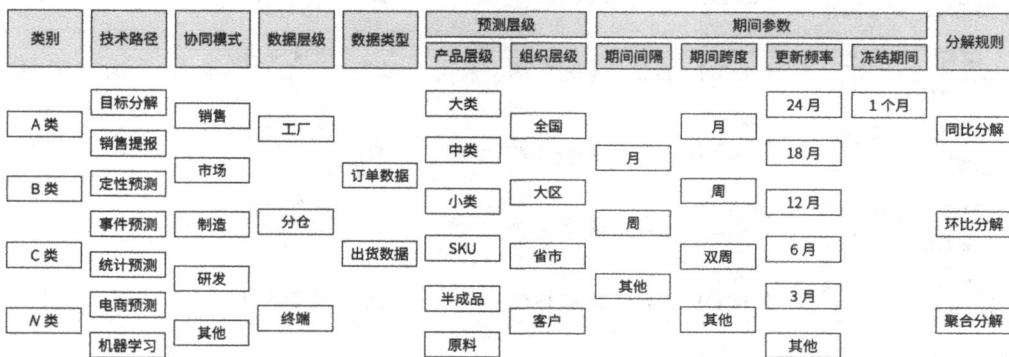

图 5-1 需求计划编制模式的选择维度

5.1.1 需求计划编制的技术路径

大家对需求计划的编制技术是最有期待的。在日常实践中，大部分企业还是遵循由销售人员提报预测这种根深蒂固的行为模式，它们往往认为，销售人员做预测天经地义，因为销售人员最了解市场和客户，并且可以为预测不准兜底。不过，还有很多企业选择了完全不同的技术路径。

我们把需求计划编制的方法分为 7 种，如表 5-1 所示。除了大家最熟悉的目标分解法、销售提报法之外，还有定性预测法、事件预测法（也称规则导向预测法）、统计预测法、电商预测法、机器学习法等。其中的定性预测法、统计预测法及机器学习法还涉及多种细分方法，我们将在第 6 章详细展开。

表 5-1 需求计划编制的技术路径选择

预测方法	使用前提		对数据的要求			对技术的要求		对流程的要求	投入与回报	
	发展阶段	组织要求	获取难度	数据处理技术	数据处理难度	实现难度	可解读性	职能协同要求	预测总成本	决策支持价值
目标分解法	增长期	无	低	分解技术	低	低	无	无	最低	最低
销售提报法	增长期	无	低	聚合技术	最低	最低	简单业务化解读	最低	最高	低
定性预测法	全生命周期	专业DP*	中	清洗数据	中	低	简单业务化解读	高	中	中
事件预测法	全生命周期	专业DP	最高	清洗数据	最高	很高	深度业务化解读	最高	高	最高
统计预测法	全生命周期	专业DP	中	清洗数据	高	高	技术化解读	高	中	中
电商预测法	全生命周期	专业DP	高	清洗数据	低	中	业务化解读	高	低	中
机器学习法	全生命周期	专业DP	高	特征标注	中	低	不可解读	中	高	低

*DP 即 Demand Plan，需求计划。

1. 目标分解法

目标分解法在业务高速增长期是比较常见的预测方法，即直接以目标作为预测结果。但这种方法在销售数据波动较大时就不适用，因为这种方法是以中间商库存作为缓冲的，不仅会导致库存失衡，还容易造成生产和物流节奏的混乱。它面临的最大的挑战是，预测会直接影响资源准备，如果实际结果与目标偏差太大，后端的供应资源将面临错配。该方法的优势是对组织、数据、技术等均无要求或要求低，预测总成本最低，适合在增长期使用，但对管理决策缺乏价值支撑，并且一旦企业进入平台期或下行期，该方法就不适用。

2. 销售提报法

这种方法也被称为自下而上预测法，是最常见的预测方法。因为大家普遍认为预测是销售部门的事情，销售部门对预测最有发言权，实际工作中的具体表现就是各销售分支机构各自编制预测，汇总后就是最终预测。制造部门往往对汇总后的预测基于历史数据和业务目标进行评审。即使有不同意见，也很难再做调整，普遍的做法是制造部门按以往信用对预测直接"打折"。这种方法的优势是简单易懂好执行，劣势是预测结果偏差大。其原因包括数据过于分散，而且预测不是销售部门的主要工作，销售人员基本依赖经验判断，并且销售人员的变动对预测质量影响极大。

3. 定性预测法

定性预测法有很多种，但是比较经典的是主管意见审核法，也就是需求计划主管直接参与预测。这种方法常应用于供应链计划管理水平较高的消费品企业。采用该方法时，需求计划的编制由专业的需求计划部门负责，销售等部门的建议仅作为参考，需求计划部门在整个需求计划编制过程中占据主导地位。需求计划的质量主要取决于需求计划部门的跨部门协同能力和对业务的认知深度，也就是要求前端销售和市场部门充分分享信息，并且后端需求计划人员具有专业的解读和判断能力。这种方法的优势是充分利用大数原则，效率高，预测精度较高，但是劣势是预测成本相对较高，包括数据处理成本、沟通成本、信任成本。

4. 事件预测法

这种方法在外资快消品企业非常盛行，也被称为"积木法"或"基于规则的预测方法"。采用这种方法时不需要使用任何预测技术，只需要设计规则与销量的关系。这种方法最大的优势是预测结果易于解释，并且是从业务视角进行解释的。对数据进行解释是外资企业普遍具有的管理文化,而内企更多要求对结果负责。所以,为了能够层层解释预测结果,就形成了这种独特的预测方法。其面临的最大的挑战是需要给各种场景设计销量计算规则,对信息透明度和颗粒度要求极高,规则必须是被前端、后端都完全认可的,总部统筹管理促销,无论销售部门还是需求计划部门都要有足够的资源投入。

5. 统计预测法

统计预测法主要包括时间序列法和回归分析法。拥有专业的需求计划团队是此方法的第一个应用前提,稳定的环境和较高质量的历史数据是此方法的第二个应用前提。前者是对组织的要求,后者是对数据的要求。因此,数据清洗是此方法面临的最大技术挑战。但如果找对预测层级,此方法可以最大限度地发挥大数原则的优势,预测精度普遍较高。

6. 电商预测法

该方法是随着电商的发展产生的。互联网交易模式下,交易信息得到极大的丰富和保留,解决了传统模式下数据缺失的难题,并催生了一套基于电商交易场景的预测方法,其中最典型的公式就是销售额 = 流量 × 转化率 × 客单价。这种方法的优势是发挥了数据的价值,但劣势却是数据过多,很有可能陷入数据黑洞,导致事倍功半。比如,一些企业甚至存在 20 多种细分商业场景,也就是会有 20 多种流程模式,转化率也因为流量模式的不同而不同,客单价更是随着促销模式的变化而变化。因此,该预测方法涉及的数据量极大,并且数据是高度离散的,但预测精度并没有显著提高,而且投入成本较高。

7. 机器学习法

这是基于大数据算法发展起来的一种预测方法。该方法的最大优势是可以规避传统的统计预测方法所必需的极具挑战性的数据清洗步骤,但是它也需要对数据打标,也就是实施所谓的特征工程。数据打标需要业务深度介入,同时该方法还需要大量数据的支持。该方法同时发挥了大数据与智能算法的技术优势,缺点是预测结果基本无法解释，毕竟机器学习是一种黑盒技术。

【专业争鸣】能在半成品和原料层级进行预测吗

前面我们分享了 7 种预测方法，它们基本是在成品层级进行预测的，但是我们发现一些工业品企业竟然在半成品和原料层级进行预测。以终为始，我们为何要做预测？前面已经说过最直接的驱动力就是制订生产和采购计划。无论是 MTS（Make to Stock，按库存生产）还是 MTO（Make to Order，按订单生产），在产能大量冗余的今天，越来越多的企业把库存放在了半成品和原料层面，使用半成品和原料来吸收波动。因此，在产能弹性支撑下，半成品和原料是更好的波动吸收者。但是，从业务视角来看，半成品和原料不是市场的维度，如果在此层级上编制需求计划，则销售和市场部门无法参与调整，这是其缺点。所以，从方法论而言，这种预测方法是对 SKU 预测模式的一种补充。从实践来看，大部分消费品企业都是成品少而原料多，大部分工业品企业都是成品多而原料少。如果你的企业不幸成品和原料都多，那产销矛盾已经不是企业内部的第一矛盾了，第一矛盾是产品复杂度与销售和制造的矛盾。当然，在半成品和原料层级进行的预测是一种基于供应链维度的预测，但很可能比基于市场维度的预测更准！采用这种预测方法就要面对责任承担的挑战。

【要点提炼】多种预测方法组合应用

如果基于半成品和原料层级的预测也算是一种选择，则有 8 种预测方法。企业该如何选择呢？部分喜欢采用事件预测法的外资企业，在新预测方法的驱使下也开始尝试使用基于大数据的机器学习法。但这两种方法是两个极端，前者不使用任何技术，需要定义大量场景和建立销量计算规则，但预测结果在业务上可以解释；而后者使用黑盒技术，预测结果基本无法解释。部分企业普遍使用需求计划主导下的自上而下的定性预测法，这种方法往往会要求企业在大数原则的指导下使用传统的白盒技术。如果希望尝试机器学习法，则企业必须找到颗粒度非常低的数据层级，因为使用机器学习法需要大量数据。这又带来数据层级的选择矛盾——一个要"大数"，一个要"小数"。还有一些企业既有线下交易模式，也有线上交易模式，所以希望针对两种场景分别采用不同的预测方法。尽管目前并没有显著的证据证明机器学习法一定比其他方法预测得更准确，但是目标分解法和销售提报法已经被证明是相对落后而粗放的需求计划编制方法。所以，我们需要结合后续分享的一些管理或技术维度的选择组合来匹配不同的技术路径。

5.1.2 选择需求计划编制的协同模式

需求计划的决策质量首先取决于信息的完整性。对于设有专业需求计划部门的企业，销售提报的预测只是众多信息来源之一。市场部门提供的产品定位、行业趋势、竞品分析及价格策略等信息，管理层的目标和产品优先级策略，产品技术迭代周期，以及后端的产能信息和企业对季节波动的承受力，都会对预测产生重要影响。有些企业希望各部门直接提报预测，而有些企业则更倾向于各部门提供全面信息而非仅提供预测数据，并通过这种多维度信息的相互验证和整合来提升预测的质量。在具体的协同预测过程中，大家不仅会共同进行全产品预测，而且会根据产品分类和各职能的判断力优势进行精细化分工。对于量大且稳定的产品，可以实施技术预测加需求计划调整模式，无须销售部门参与；对于量大但波动大的产品，由于客户聚集度高，销售部门拥有更多信息，因此销售部门的参与能够提高预测精度。对于量小的长尾产品，无论波动如何，技术预测通常足够准确，但市场部门的参与能够提升预测精度。这就是基于不同产品的跨职能协同预测模式。当然，能够与上游客户协同是需求计划管理的最高境界。

【案例分享】你和你的经销商为何难以协同

大部分企业都感觉获取全部经销商的库存和出货数据非常困难，但是某消费品企业却通过一个嵌入式程序轻松获取经销商的进销存数据。当然，使用这个嵌入式程序是经过经销商同意的。经销商为什么愿意分享数据呢？因为企业基于从经销商处获取的数据为其提供各种报表分析服务，即使是简单的数据分析也为很多没有数据处理能力的经销商提供了有力的支持。借此案例，我们希望分享这样一个观点：终端信息的获取在技术层面已经没有障碍，所谓的障碍主要是理念共识的达成和利益的共享。你和你的经销商为何难以协同呢？原因有两点：一是需要协同的双方都没有意识到，或仅一方意识到这些数据对于双方的价值；二是双方即使意识到这些数据的价值，也都不具备处理这些数据的能力。

5.1.3 选择需求计划编制的数据层级

你在选择了需求计划编制的技术路径和协同模式后，还要选择基于何种历史数据编制。让我们想象一个具有零售门店、分仓及制造工厂的供应网络，如图5-2所示，但是即使是这样的相对简单的供应网络，其预测数据应用组合竟也多达6种。

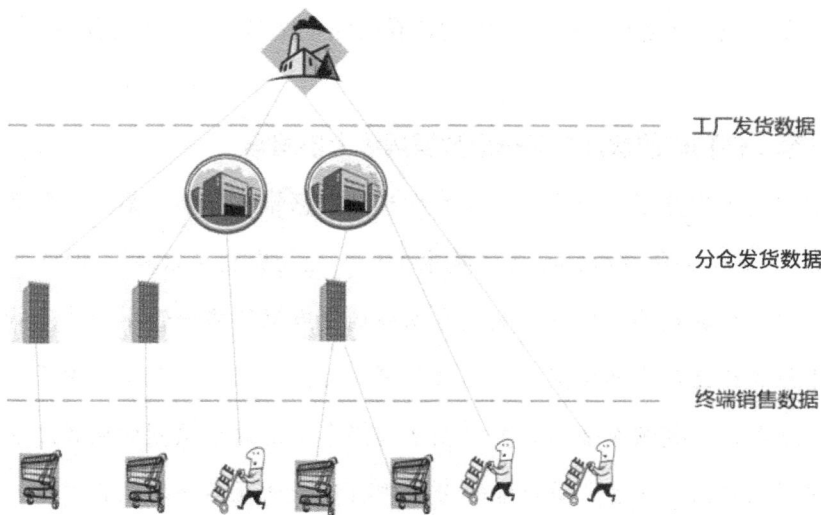

图5-2　具有零售门店、分仓及制造工厂的供应网络

基于这样一个供应网络，品牌商可以基于以下6个数据层级编制预测。

①基于制造工厂的发货数据直接编制工厂发货预测。

②假设分仓库存是稳定的，则基于分仓发货数据直接编制工厂发货预测。

③假设分仓和门店库存都是稳定的，则基于零售门店的销售数据直接编制工厂发货预测。

④基于分仓发货数据生成预测，并在考虑每个独立分仓的库存后生成工厂发货预测。

⑤基于零售门店的销售数据生成预测，并在考虑每个独立门店和分仓的库存后生成工厂发货预测。

⑥这是④和⑤的补充，也就是把渠道库存合并计算。在实际业务中，由于受到系统的限制及大数原则的影响，合并计算的居多。

最复杂的是⑤，它基于终端销售数据进行预测，并单独考虑了通路上的所有库存后生成对工厂的预测。但最复杂的不一定是最理想的。⑤对数据、管理成本、系统支撑都有很高的要求，在实践中非常少见。其面临的障碍有两个：一个是难以获取全部终端销售数据；另一个是通路库存的计算需要补货计划系统的支持，而此类系统目前还没有普及。因此，⑥反而是更多企业的实际选择。

【案例分享】你和你的伙伴在同一个数据层级上协同吗

我们在这里再分享一个协同中经常发生的数据错位现象。某文具用品制造企业旗下有40多个分销中心，尽管在技术上该企业是完全可以获取40多个分销中心的库存和出货数据的，但该企业没有系统或没有意愿将分销中心的出货预测经过补货路径和通路库存转换成工厂出货预测。因此，该企业还是使用了工厂发货数据进行预测，但是该企业同时要求销售部门参与对这个预测的调整。这时就出现了数据错位现象，销售人员只能从分销中心出货的视角进行销量预估，而无法考虑分销中心的库存波动。二者一致的唯一假设就是分销中心的库存是恒定不变的，数量和结构都是稳定的。但是，这是理想状态。所以，工厂需求计划部门与销售部门完全是在不同的数据视角下调整同一个预测的，这就是一种数据错位！

【案例分享】复杂的网络下，理解数据模式至关重要

前文我们采用的是一个比较简单的供应网络。在实际渠道环境中，从厂家到终端消费者的网络一般有 7 层，不同渠道的节点间会有交叉、融合和分散。就常见的街边杂货店而言，其货源可能是上一级的分销商，也可能是区内的批发市场，或者是电商大促活动。在梳理数据流程时，必须定义每一层的节点、输入和输出、已知和未知。在国内市场中，典型的存在交叉、融合和分散的节点是批发市场和电商大促活动，对这两个节点做详细的数据流分析尤其重要。

5.1.4　选择需求计划编制的数据类型

在选择了技术路径、协同模式、数据层级后，你还要选择数据类型，即确定是基于订单数据进行预测，还是基于出货数据进行预测。这也是需求计划编制模式设计过程中非常重要的一个环节。对于大部分尚未具备完善订单管理体系的企业而言，选择出货数据可能更加安全。

5.1.5　选择需求计划编制的预测层级

在完成了上述 4 种选择后，还要确定在哪个层级上进行预测。预测层级分为产品层级和组织层级。大部分采用销售提报法的公司习惯于在 SKU/ 分公司层级上进行预测，已经建立专业需求计划部门的公司更喜欢在 SKU/ 全国或大区层级进行预测。从图 5-3 我们可以看到，如果考虑期间间隔（月或周），可供选择的预测层级的组合可能多达 40 种。即使采用同样的预测方法，在不同的层级上进行预测的结果也是不一样的。如何选择预测层级呢？

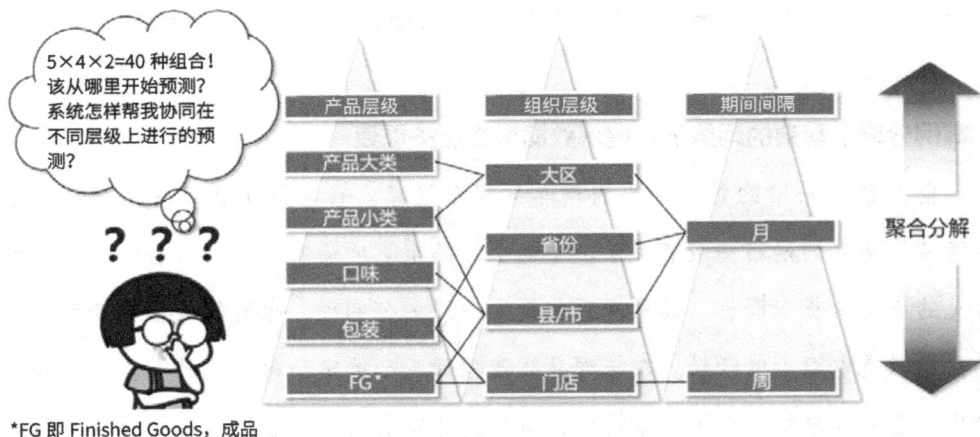

*FG 即 Finished Goods，成品

图 5-3 需求计划编制的预测层级

1. 产品层级

使用 Excel 编制需求计划的企业，受工具限制而多选择在 SKU 层级上编制需求计划，这也是制造部门最关注的层级。但是就统计学的大数原则而言，同类数据的聚合层级越高，也就是样本数越大，则预测偏差越小。因此，高层级需求计划一定比低层级需求计划更准确。是否预测层级越高越好呢？比如，客户在口味或规格等方面有一定的偏好，因此，不同口味或规格间有相对稳定的比例，在这种情况下，可以选择口味和规格层级生成预测，然后基于环比分解法或同比分解法将产品大类层级的需求计划分解到 SKU 层级上。但是，如果这种相对稳定的比例关系不存在，则必须综合判断哪个层级是最佳的预测层级。一个重要的判断准则是，它们必须有相同的销售态势，即有相同的季节特征（波峰、波谷期间一致）、趋势一致（都在上升或下降阶段）。这种判断目前可以通过简单的机器学习实现。以化妆品企业为例，产品价格带下的产品类别（眼霜、精华或面霜）会是一个较好的预测层级。再举个例子，批发单品往往选择的是相对聚合的一组单品，该销售渠道传播链长，选品非常固定，长期销售额稳定。但是如果存在时间间隔较大的大订单，就可以将预测层级设定为 SKU 层级（类别）。SKU 层级下的样本数据能够尽可能缩小预测偏差。例如，在直播预测、新品预测这两个具体

场景中，产品层级就是最合理的颗粒度。这就需要业务部门在做生意计划时就将计划做得足够细致，同时生产制造部门也应该将这类高波动场景落实到SKU层级的补货方案的考虑范围，这就使得上下游对预测层级的联动设计提出了更高的要求。

2. 组织层级

前文我们探讨了如何基于产品层级编制需求计划，但在实际操作中我们还需要考虑组织层级。是否也是组织层级越高越好呢？根据大数原则，数据聚合度越高，波动就越小，而数据一旦被分配到颗粒度更低的层级上，则不仅数据离散度更高，工作量也将增加。但是如果销售等其他职能参与预测，则他们只能选择与其管理颗粒度相匹配的层级，或者更低层级。比如，与销售大区总监相匹配的最高层级就是产品大类/大区，最低层级就是SKU/分公司。在这种情况下，销售大区总监就要以总量平衡为主，兼顾特殊的品类和分公司预测。也有很多企业以DC作为预测层级，更多考虑工厂与DC的匹配，但DC主管无法掌握市场信息。对相同的产品分渠道预测的模式比较少见，但随着电商的发展，现代通路与传统通路的市场特性差异越来越大，一些企业开始为电商设置独立部门，并尝试按不同的细分渠道编制需求计划。企业可以从以下几个维度考虑是否需要按不同的渠道编制需求计划。

①不同渠道间的特性差异是否足够显著？

②不同的渠道是否有专人管理？有对应负责的市场和销售人员吗？

③需求计划部门是否有足够的人力资源来实现对不同渠道的精细化管理？

④按不同渠道编制需求计划的准确性是否可以更高？

选择合适的预测层级在艺术和技术层面都是一个挑战。从数学维度来看，预测的偏差会因为时间的不同、产品和组织层级的不同而不同，大数原则永远是第一准则。所以，找到合适的预测层级，并不断根据该层级对应的误差范围和趋势变化进行调整是需求计划编制的重要技巧之一。

5.1.6 选择需求计划编制的期间参数

选择了需求计划编制的预测层级后，还要选择一系列的期间参数。比如，是按月编制还是按周编制（期间间隔）？编制多长时间的预测（期间跨度）？多久更新一次（更新频率）？是否有冻结期（冻结期间）？其中，期间间隔其实也是预测层级之一。

选择需求计划的期间间隔：预测是按月还是按周编制？

选择需求计划的期间跨度：做多长时间的滚动预测？ 3 个月，12 个月，还是 18 个月？

选择需求计划的更新频率：如果预测按周编制，是每周更新一次，还是每月更新一次？

选择需求计划的冻结期间：更新预测时是冻结下一个月，还是连续两个月？

1. 选择需求计划的期间间隔

大部分企业的需求计划是按月编制的，部分快消品企业按周编制或按旬编制，按季度编制或按天编制的也有。例如，对于一些短保产品，企业需按天编制需求计划，因为工作日与周末的销量差异显著。然而，对多数企业而言，"天"这一颗粒度主要用于执行层面，"季度"这一颗粒度似乎已不符合当前商业社会的节奏。根据我们的调研，70% 的企业按月编制需求计划，约 20% 的企业按周编制，极少数的按旬编制，且许多企业采用前周后月的模式。"月"这一颗粒度被认为是最佳的，因为按更低的颗粒度编制需求计划可能忽略重要的规律性趋势和季节特征，月度需求计划能更好地展现规律性趋势和季节特征。按周编制的需求计划可能导致季节特征的丢失，使预测波动较大，难以找到合适的统计模型。月度汇总时，企业需选择恰当的聚合规则以匹配销售目标。按旬编制的需求计划虽能快速反应，但与按周编制的需求计划类似，季节特征同样会丢失，且旬不是常规工作周期，对业务运作的指导意义不大，同时存在计算上的复杂性。

近年来，随着电商的快速发展和算力的提升，人工智能算法被广泛应用于企业，这使数据颗粒度逐渐细化至"周"。这样做可以充分利用人工智能算法的优势。当然，这并不会削弱"月"这一颗粒度自身的优势。在不同场景下，选择合适的数据颗粒度至关重要。

2. 选择需求计划的期间跨度

在我们举办的一些分享活动中，一旦嘉宾讲到他们要做 12 个月、18 个月，甚至 24 个月的需求计划，下面的听众就会很疑惑：他们为何要做这么长时间的需求计划？他们是怎么做的？该需求计划靠谱吗？台上的嘉宾也感觉很奇怪：若不做这么长的需求计划，只做 1 个月、3 个月的，产能调整能反应得过来，供应商风险能来得及规避，新产品和促销计划来得及响应吗？淡旺季如何过渡呢？如果上述问题解决不了，那就更不要提产线调整、DC 调整了。除此之外，他们这么做还有一个原因是财务的要求。大部分财务指标都是年度指标，比如截至目前可能达成的销售目标、截至目前的年度报废风险、截至目前的滚动库存比例等。为何不是 12 个月？因为这些企业认为 3~6 个月是一个普遍的计划展望期（采购提前期 + 生产提前期 + 物流提前期），在此期间内的调整都会增加额外的成本，所以需要在扣减这个计划展望期后仍保留 12 个月的跨度。所以 18（12+6）个月的期间跨度成为这些企业的选择。此期间跨度完全反映了一些优秀企业对计划的深刻理解，未来不是明天，也不是下一个周或下一个月，看得远，才能真正规避风险，降低运营成本。

3. 选择需求计划的更新频率

某消费品企业按周编制 3 个月的需求计划，并且每周更新一次，理由是市场变化快。我们不禁要问，为何不是每天更新需求计划呢？这样不是更好吗？这里我们要区分两个概念：快与准。谁应该更快，而谁应该更准？毫无疑问，大家都认为供应端如采购、生产、物流等要更快地响应，具体的表现就是生产插单不断、紧急采购不断、紧急调拨不断。那谁应该更准？当然是需求计划。如果前端需求计划不准，后端就要为实现快付出巨大的代价。所以，需求计划的重要特质是准，不是快。但需求计划的更新频率应该是怎样的呢？这取决于编制一个高品质需求计划的合理的期间间隔。当然，确定由谁来做更加重要。我们在本章的后半部分将分享需求计划编制的操作流程，从这个操作流程中你可以体会到编制一个高品质需求计划所需的投入。再思考一下，如果每周更新应该如何做才能确保需求计划的品质，因为"准"才是需求计划的灵魂。

4. 选择需求计划的冻结期间

在现实中，只有部分消费品企业会用预测驱动实际生产，因此需要选择需求计划的冻结期间。部分企业做预测主要是为了做资源准备，而实际的生产、采购等行为主要由库存、订单等驱动。敢于使用预测直接驱动生产的企业，其预测准确性应该是较高的。敢于冻结近期预测的企业更是行业内的优秀者，这一冻结行为不仅是为了后端效率的提高，也是为了倒逼需求计划质量的提升。但是随着市场环境的变化，在需求计划管理技术进一步发展的基础上，许多企业开始调整冻结策略，不再使用"硬冻结"，而是使用"软冻结"——不再强制冻结需求计划数据，而是冻结需求计划准确性。也就是说，企业可以调整任意一个月的需求计划，但是需求计划准确性已经被冻结，企业仍需使用其在 5 月做的关于 7 月的预测数据（M-2），而不能使用其在 6 月调整的关于 7 月的预测数据（M-1）。这种策略即可以将前端变化第一时间传递到后端，同时推动需求计划编制能力的持续提升。一般而言，企业应允许每月调整需求计划，第一时间将前端变化传递到后端，同时衡量 M-3 的准确性，兼顾灵活性和效率。

5.1.7 选择需求计划编制的分解规则

在不同的业务场景下，参与预测的各个部门需要选择不同的技术路径及预测层级，因此，其所需的预测颗粒度各不相同。我们知道，如果在不同的层级独立进行预测，这些预测结果往往无法相互兼容。因此，在需求计划的编制中，不同预测参与者可以选择不同的预测层级进行预测，但为了让不同的预测结果可以相互比对和校验，我们需要对预测结果进行分解或聚合。聚合比较容易实现，但分解就很不容易实现，因为这里的分解指的是多维度（产品维度、销售组织维度、物流维度和时间维度）的同步分解。在实务操作中，分解规则主要有两种：同比分解和环比分解。同比分解主要应用于具有季节特征的产品，在应用时一般参考去年同期的数据。环比分解则更多被消费品企业应用，在应用时一般采用前 3~6 个月的历史数据，但因为市场变化太快，一般都有更加趋近近期的偏好。

5.2　为不同产品选择不同的选项组合

我们要为不同的产品选择不同的选项组合，差异化永远是计划管理的第一原则。所以，就有了分类预测，即基于重要性和波动性对产品进行分类，并根据产品特性选择不同的选项组合。而在实际业务中，这种分类可能会不断更新，很多企业会基于场景将产品细分到不同的渠道，因为交易模式的差异意味着可获取数据类型和数量的差异，这也影响对预测技术的选择。因此，分类预测规则的制定在本质上反映了对需求计划编制模式的选择和组合。图 5-4 所示为某企业的分类预测策略。第一类需求波动大，但产品销量也高，所以需要进行大量的人工判断。第二类需求波动小，但产品销量高，进行基本的技术预测即可。第三类产品销量低但数量多，该企业认为对于此类产品，无论需求是平稳的还是波动的，均无须过多关注，因此只进行技术预测，这是一种相对简单的分类预测策略。

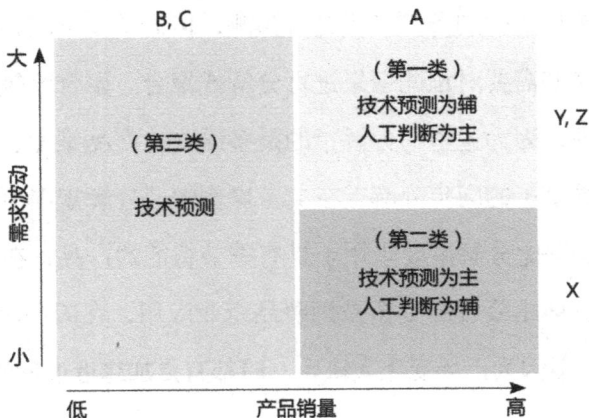

图 5-4　某企业的分类预测策略

5.3　需求计划编制模式是万场万链

如果我们对前面所分享的需求计划编制选项进行简单的组合，会发现其有效组合早已上万，甚至达到 10 万级别，已经从千场千链上升到万场万链，这反映了需求计划管理的复杂度。从这个庞大的选项组合中，大家可以感受到技术路径选择只是八大维度之一而已。所以，需求计划编制模式的设计不仅仅是对预测技术的选择，不是预测技术越复杂就越准，要通过对业务场景、产品特性、组织特性、原料特性、数据可获得性以及可投入的资源进行全面深入评估后权衡选择。

【案例分享】需求计划编制模式设计

H 食品企业生产 600 多种冷冻食品，销售范围覆盖全国 60 多个营业所，由于各区域口味不同，很多产品具有区域性，并且同一种产品在不同的区域也表现出不同的销售态势或有不同的销售政策。那如何为这 600 多种产品设计需求计划编制模式呢？H 企业做了如下设计。

预测层级选择：H 企业最明细的产品 / 组织层级为产品 / 营业所，所有数据都保留在这个明细层级上，H 企业基于这个层级定义了多维度的分析视角，比如产品维度有包装规格、ABC 类等，营业所维度有分销中心、渠道属性、区域属性等，而预测层级则基于产品的区域属性有多种选择。

有效预测组合选择：尽管 H 企业有 600 多种产品、60 多个营业所，但不是每个营业所都卖所有的产品，所以这里需要对产品和营业所进行有效组合，否则就会出现很多无效的预测组合。

期间跨度及冻结期间选择：H 企业要求编制 18 个月的滚动预测，并且要求有一个月的冻结期间，也就是第一个月的预测数据不能调整，调整只能从第二个月开始。

分解规则选择：H 企业为不同类别的产品选择了不同的分解规则，季节性很强的产品，如汤圆、粽子等应用同比分解，而其他产品应用基于前 3 个月历史数据的环比分解。

组合预测规则选择：H 企业的需求计划部门、销售部门、制造部门和市场部门均参与预测。H 企业基于各部门预测能力的差异定义了不同的组合预测规则，相对成熟（或历史表现更佳）的销售分公司在最终预测中有更高的权重，而预测能力相对较弱的分公司在最终预测中所占权重较低。

技术路径选择：H 企业遵循大数原则，以产品/区域层级而非产品/营业所层级作为统计模型的运行层级。其原则是一个区域内的消费行为基本类似，所以同一种产品在不同区域可以选择不同的模型。

类别预测：H 企业在厘清上述策略后，需要对其产品进行分类（类别预测），以匹配上述策略组合。一种产品类别对应一种策略。类别越明晰，策略越优，预测精度也越高。

5.4 何为需求计划编制的操作流程

需求计划编制更多体现为预测管理方法的选择，和开展其他业务一样，除了选择合适的方法外，还需要有相应的操作流程。这个流程虽然也会因为需求计划编制模式的不同而有所不同，但其核心步骤还是比较统一的，大致如图 5-5 所示。

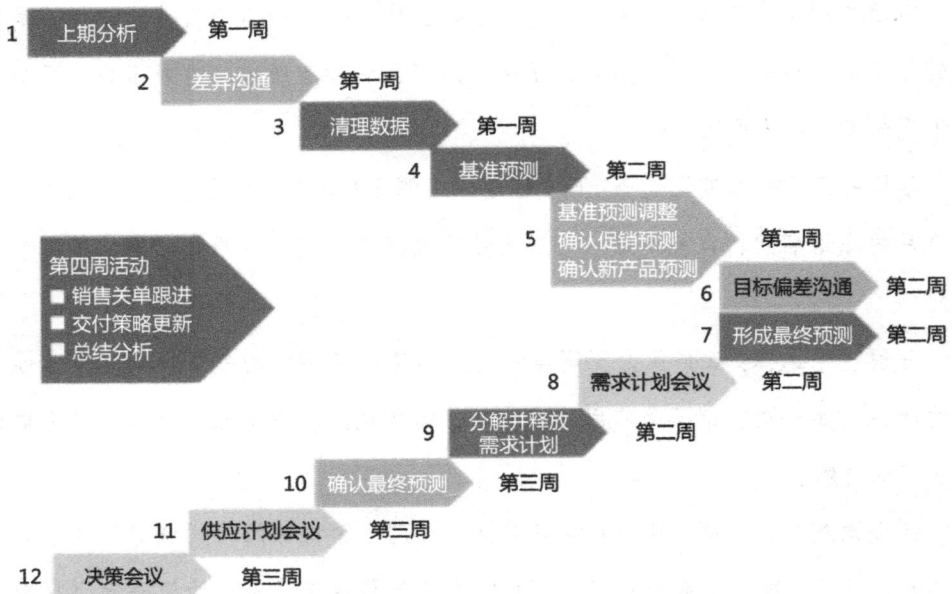

图 5-5 需求计划编制的操作流程

很多企业难以理解为何需求计划需要全职管理，尤其疑惑为何需要一个月的时间去编制，因为在采用销售提报法时，预测编制似乎是一件非常简单的事情。接下来我们看看为何需要一个月的时间去编制需求计划。

1. 第一周：上期分析、差异沟通、清理数据、基准预测

①上期分析

- 预测偏差评估。

- 成品和原料库存周转率分析。

- 呆滞和报废库存分析。

- 缺货分析。

- 月度及年度累计偏差分析。

- 不同层级的业务偏差分析。

- 不同维度的交叉分析。

②差异沟通

A. 与销售部门沟通基准预测偏差

- 低卖和超卖分析。

- 关键指标变化趋势分析（交叉分析）。

- 原因帕累托分析。

- 基于假设前提进行解释。

B. 与销售和市场部门沟通促销预测偏差

- 竞争对手变化分析。

- 市场环境变化分析。

- 促销计划执行偏差分析。

- 新店铺货。

C. 与市场或产品部门沟通新产品预测偏差

- 新产品计划的执行情况分析。

- 退市产品计划的执行情况分析。

- 产品的相互蚕食效果分析。

D. 与财务部门沟通收入和利润偏差

- 收入偏差分析。

- 利润偏差分析。

- 可调整空间分析。

③清理数据

A. 第一种修正方式：人工修正

- 可记录原因，建议采用原因分类码分析。

- 原始数据与修正后的数据同时保留。

- 工作量大。

B. 第二种修正方式：系统修正

- 无法记录原因。

- 无法保留修正后的数据，仅在模型运行时自动修正数据。

C. 第三种修正方式：不修正历史数据，而是维护有效预测组合和主数据

- 新增和删减产品和组织的有效组合（有些企业称之为表头维护）。

- 新增或删除产品或组织的主数据。

- 维护产品有效期、下架期等。

④基准预测

- 选择合适的模型。

- 选择合适的层级。

- 选择合适的分解规则。

- 记录关键假设。

2. 第二周：调整基准预测、确认促销预测、确认新产品预测、目标偏差沟通、形成最终预测、需求计划会议

①与销售部门协同调整基准预测

- 修正关键的 B 类和 C 类产品。

- 项目影响分析。

- 关键客户影响分析。

- 价格影响分析。

- 新客户影响分析。

②与销售和市场部门确认促销预测（如果基准预测与促销分离）

- 提供详细的促销计划。

- 如果可能，提供促销预测。

- 基于历史效果就预测达成率进行沟通。

- 进行风险和机会评估。

③与市场部门确认新产品预测

- 提供详细且可落地的新产品上市计划，如果可能，提供多套计划。

- 提供新产品预测。

- 分析新产品与老产品的蚕食关系和新产品对老产品的影响度。

- 进行风险和机会评估。

④形成最终预测

- 基于最终的共识汇总各方信息。

- 完成最终预测并记录关键假设。

⑤准备需求计划会议

- 准备会议表格和 PPT。

- 关注原因的解释和前提变化。

- 列示关键绩效、差异问题和解决方案。

- 会议召开前将资料发给相关人员。

⑥召开需求计划会议

3. 第三周：分解并释放需求计划，确认最终预测，参与供应计划和决策会议

①将需求计划分解至 SKU 并释放给供应计划部门

②与供应计划部门确认最终预测

A. 确认基于上期预测版本的调整幅度

- 分析 3 个月内的总量变化，包括结构变化。

- 分析对长周期原料和敏感原料的影响。

- 分析可能的物料风险／机会。

- 分析可能的库存风险／机会。

B. 沟通中长期产能计划

- 分析 3 个月后的产能需求变化。

- 分析产能过剩风险。

- 分析产能不足风险。

③参与供应计划会议和决策会议

4. 第四周：销售关单跟进、交付策略更新、总结分析

①销售关单跟进

- 敏感客户跟进。

- 敏感产品跟进。

- 超卖和低卖沟通。

②交付策略更新

- 向客服部门了解客户反馈、满意度及异常情况。

- 与客服部门沟通交付策略的更新情况，如缺货策略调整等。

③总结分析

- 超卖和低卖实践总结。

- 消费行为分析。

- 市场行为分析。

【专业争鸣】需求计划编制的时间不能压缩

如果希望缩短整个需求计划编制过程，可以压缩时间的地方不在需求端，而在供应端。需求计划需要更准，而不是更快，并且需求是"七分管理，三分技术"，对信息进行分享和解读是必需的。在没有系统辅助的情况下，在两周内完成需求计划编制是非常具有挑战性的。现在有很多大数据公司、数据科学家，试图完全通过技术来缩短需求计划编制过程，这在零售行业或许能实现，但在制造、贸易等行业几乎是不可能实现的，因为这不是一个纯技术问题。与需求相反，供应是"七分技术，三分管理"，供应端的决策时间可压缩的空间很大。

【专业争鸣】为何一定要独立地召开需求计划会议

很多企业都召开供应计划会议或产销协同会议，但不召开需求计划会议，大家不理解为何这件说不清的事情还要单独召开会议。所以，大家花了很多时间围绕不靠谱的需求反复平衡，宁可事倍功半，也不召开需求计划会议。正是因为大家过于关注后端供应，所以需求计划会议更要独立地召开，会上只谈如何使需求计划更准。对于从来没有独立召开过需求计划会议的企业，其优化空间非常大。

【专业争鸣】需要区分限制性预测和非限制性预测吗

这是一个很专业的问题，整体而言，在需求明显大于供应的情况下，我们就需要同步考虑限制性预测和非限制性预测。而当整体供应大于需求时，一般只需要考虑非限制性预测。自然灾害（洪涝、台风等）或资源受限（高温限电或产能吃紧）都会造成供不应求。比如，在特殊时期，原料及生产制造和物流等方面的资源短缺会造成供不应求。在这种情况下，我们需要预判哪些影响是短期的、哪些影响是中长期的。如果会产生中长期的影响，则预测必须分成两步进行：第一步是考虑非限制性预测；第二步是考虑根据资源限制和恢复预期等实际情况调整后的限制性预测，然后对两版预测进行比对分析，预判未来是否需要增加供应资源。

5.5　S&OP推动了中长期需求计划的发展

S&OP是目前比较热门的产销关系管理改善主题，很多企业都在实施S&OP，但很多企业也将这个以中长期平衡为导向的产销协同流程与短期运作层面的产销协同流程混淆在一起。所以，很多需求计划编制的期间跨度在3个月以内的企业也纷纷实施S&OP，在实施中，他们不得不重点讨论以订单交付为主的执行层面的协同问题或紧急事项，比如缺货、催料、改包装、新产品交付、质量问题、工人罢工等。因为无人关注中长期产销规划，所以短期执行问题就更多，短期执行问题一多，大家就更没时间关注中长期产销规划，如此形成恶性循环。要使 S&OP 真发挥作用，企业就应该更重视对中长期产销规划的管理。在多变的商业环境中，中长期需求计划越来越重要，没有中长期需求计划，就没有中长期供应链计划；没有中长期供应链计划，就无法支撑 S&OP 的有效运行，无法支撑中长期视角下的防火式产销协同的改善。因此，S&OP 的推行反向推动了中长期需求计划的发展。

5.6 总结：需求计划的"七分管理"

本章从两个维度解析需求计划的管理属性，一个是编制模式的设计，一个是操作流程的设计。前者更像方法论的选择，后者则是落地流程的设计。大家可能没有想到的是，这个方法论竟然如此复杂。需求计划编制模式是万场万链，如何选择合适的编制模式对企业而言是一个巨大的挑战，因为企业要根据自身业务场景、团队能力、所能承担的成本及企业文化和绩效体系选择最合适的编制模式。另外，需求计划编制流程的核心步骤看起来相对统一，但很多企业没有想到，其中竟然有这么多细分环节和数据处理及沟通工作，这完全不是一个销售人员所能承担的。

为何需求计划编制需要如此复杂的体系？为何不是简单地从数据开始，以判断结束的过程呢？因为实际情况往往很复杂。数据虽是基础信息，但你需通过沟通来揭示并校正数据背后的假设。沟通的目的在于积累经验。通过这种多维度和多层级的沟通，你的市场判断力将迅速提升，你的视角将从 SKU 层面提升至品类层面，从客户层面扩展至市场层面。一旦你的视角实现了这种转变，你的影响力将扩大，获得的信息也将更多。据统计，在普通消费品企业中，沟通占工作时间的 70%；而在项目型企业中，这一比例甚至超过 80%。一些在需求计划管理方面表现出色的企业，并非依赖特殊技术，而是通过规范流程和制定合理的沟通规则，将预测准确性提到了很高的水平，这正是其他企业最难模仿的。

第 6 章

需求计划管理技术的深度探索

需求计划管理实际上分为两大流派：一派认为预测主要是管理出来的，另一派则认为预测主要是通过计算实现的。在人工智能兴起的背景下，越来越多的人希望通过技术手段来解决预测难题。如果预测仅仅是技术问题，那么它就算不上问题，我们聘请几位统计学博士即可。但这并不意味着技术在需求计划管理中不重要。本章将与大家探讨需求计划管理的技术层面，并分享了几种预测方法。在上一章，我们介绍了 7 种预测方法并进行了简要说明。其中，目标分解法、销售提报法、事件预测法及电商预测法虽然在数学上不复杂，但在特定场景下仍然是有效的预测方法。而另外 3 种预测方法则在规则或技术实现上属于难度较高的预测方法，包括定性预测法、定量预测法和机器学习法，本章将对这些预测方法进行更深入的介绍。

6.1 预测的核心在于度量需求的变化

需求预测，实质上是度量需求的变化。如果需求一成不变，自然不需要预测。需求会在什么时间、向哪个方向变化，会变多少，这就是需求预测要解决的问题。要解决这些问题，我们首先要搞清楚一个问题：需求为什么会发生变化？需求发生变化的原因有很多，常见的原因包括季节性因素、周期性因素、营销和促销因素、管理因素、竞争环境、突发事件等。

6.1.1 季节性因素

季节性因素是导致市场需求变化最常见的因素之一。例如，每年的 4~7 月是空调需求高峰期，而取暖设备的销售主要集中在 10~12 月的秋冬季节。然而，季节性因素这一概念虽源于四季，但其涵盖的范围远不止于此。例如，在终端零售和餐饮服务行业，周末的销量通常高于周中，显示出以 7 天为周期的销售波动。此外，节假日也是一种典型的季节性因素，如春节、国庆节，在这些节假日的前、中、后 3 个阶段，市场需求往往呈现出与平常不同的模式。季末、年底的压货行为难以改变，许多企业也视其为季节性因素。无论是年末、季末、周末，还是其他节假日，季节性因素总是以一种规律的方式影响市场需求。

6.1.2 周期性因素

与已知、频率固定的季节性因素不同，周期性因素造成的需求变化常常是不确定的且频率不固定的。产品的需求会受到微观、宏观 2 个层面的周期的影响。微观层面的周期即产品自身的生命周期。产品生命周期由美国经济学家雷蒙德·弗农（Raymond Vernon）于 1950 年首次提出，他将产品在市场的销售阶段分为引入期、成长期、成熟期和衰退期。少数产品在上市前就已经有明确的生命周期规划了，比如各主流品牌的旗舰手机。但大多数产品的生命周期的长度及各阶段持续的时长，都具有比较大的不确定性。即使是生命周期较为确定的手机、计算机等数码产品，同一系列的上一代和下一代产品的生命周期曲线依然会有所差异。在宏观层面上，由于技术或潮流的驱动，整体品类的需求也存在类似的生命周期。随着应用新技术的品类上市并逐步被大家接受，使用老技术的品类会逐渐淡出市场。

与季节性因素相比，周期性因素比较难以预测。其中，"拐点"会在什么时候出现，是我们非常关心的一个问题。对拐点的预测，通常需要依赖大量外部数据，综合进行趋势分析、市场调研和消费者行为分析等。这样可以形成对趋势和拐点的预测方法论。

【案例分享】寻找行业前置指标

在一次培训过程中，某重型装备企业一直追问我们如何预测拐点。一个简单的回答就是，预测拐点需要持续观察市场的变化，也就是说，企业需要安排专人来管理需求计划。从实际业务来看，该企业明显受到了固定资产投资减少的影响，过去30年的高速增长让该企业只学会了"冲锋陷阵"，只知进、不知退，完全没有市场风险管控意识。与之相比，某高科技行业制造商W企业则完全是另一种情况。W企业在全球范围内设有市场情报研究部门，为各个国家提供关键的商业指数分析报告和警示信息。同时，其本地的市场部门也在需求计划部门的推动下主动进行关键的经济指数和竞争分析，提供定性建议。随后，这些建议再由需求计划部门转化为对某个产品、区域、客户的销量预估的定量影响。W企业曾经发现石油行业的某个指标对他们的某个产品有明显的前置影响，并且时差在2个月左右。W企业通过监测这个指标的变化来调整其发展策略，大大降低了风险。这种与市场部门的紧密合作，不仅揭示了趋势变化，更发挥了市场部门的价值。

6.1.3 营销和促销因素

季节性因素和周期性因素造成了需求的自然波动，而营销和促销因素则是一只"看得见的手"，对需求施加了人为的影响。营销和促销是两个相关的概念，但这两种活动对需求的影响是不同的。营销的目标是在市场上创造长期关系，提高品牌知名度、产品价值和营收。我们期望通过营销活动对需求产生中长期的正向影响。而促销对需求的影响通常是短期的，在促销活动之前、之后通常能观察到需求的抑制现象。

6.1.4 管理因素

有时候，我们会观测到一种比较有意思的需求模式：在一系列连续的周期（月度、季度或年度）中，每个周期的前期销量通常都很低，而到了期末，销量往往会有爆发式的增长，然后如此循环。这种需求曲线的形状有点像曲棍球棒，因此这种现象在供应链管理中被称为曲棍球棒效应（Hockey-stick Effect）。这种现象往往是管理因素造成的，比如销售人员为了完成业绩考核目标，在期末时会考虑向经销商压货。还有一种情况是，到了期末，经销商为了拿到更高一档的累计数量折扣，会提前订货。

6.1.5 竞争环境

竞争包括来自外部的竞争和来自内部的竞争。竞争对手推出新的产品、建立新的销售渠道、开展营销和促销活动，都可能造成本企业产品需求的变化。另外，当企业内部的产品之间存在比较明显的替代效应或互补效应时，对一款产品进行促销，可能会对企业的其他产品的需求产生抑制或促进作用。

6.1.6 突发事件

突发事件如自然灾害、社会事件等往往也会导致消费者需求的变化。突发事件往往是难以准确预知的，但对各种突发事件进行风险评估，提前做好预案，也是编制需求计划的关键环节之一。

除了上文介绍的需求的常见影响因素外，还有许多因素也会对需求产生影响，比如天气因素会对网约车的需求产生显著的影响。需求计划经理需要根据自己企业的商业模式、所属行业和产品特性确定影响需求变化的主要因素，并收集相关的信息，用以支持对需求的预测。同时，我们也需要理解，环境中充斥着各种随机性因素，这些随机性因素造成的需求变化是无法预测的，MRO（Maintenance，Repair，and Operations）管理行业的从业者对此应该深有体会。即使如此，我们依然能够基于历史数据评估各种随机性因素所造成的需求变化的范围，从而支持后端供应计划的优化。

6.2 去伪存真的数据是预测的基石

上一节我们讨论了很多可以引起需求变化的因素，接下来要解决的问题是，如何量化各项因素对需求造成的影响。面对这个问题，大家是"八仙过海，各显神通"，有人凭经验和直觉，有人运用数学模型等工具和相关系统。但不管采用哪种方法，它们都是建立在历史数据的基础上的，只是大家使用数据的方法可能不同。

历史需求数据往往是做预测所需的最基本的数据，正如我们在前文中讨论的，它可能是经销商的订单数据，可能是终端销售数据，也可能是出入库数据。我们期望通过历史数据来发现需求变化的趋势和事物之间的关联，但正如著名文豪马克·吐温（Mark Twain）所说："世界上有 3 种谎言：谎言、该死的谎言、统计数字。"看似客观公正的数据背后可能隐藏着很多秘密。对数据进行抽丝剥茧、去伪存真，从纷繁复杂的数据中提取市场的真实需求，是正确进行需求预测的基石，也是对每一位需求计划经理的考验。

在数据科学领域，我们把历史数据的修正过程叫作数据清洗。数据清洗是指在进行数据分析前，对数据中缺失、重复、错误或异常的数值进行识别并纠正的过程。而针对历史需求数据的清洗，则通常涉及缺货填补、高销过滤和低销还原等修正技术。

1. 数据清洗场景

上文提到的3种修正技术主要针对3种情景。

①缺货填补。大部分企业使用出货数据作为预测的基础，在这种场景下就需要关注是否出现了缺货的情况。如果发生了缺货，那么出货数据反映的可能并不是真实的需求，而是被库存或生产能力限制了的需求。如果企业拥有历史库存数据，那么可以基于库存非零时期的销售情况来推测库存为零的相似时期的销售情况。很多企业资源计划（Enterprise Resource Planning，ERP）系统并不会保存历史库存的快照数据，这就需要企业平时维护好缺货记录。此外，如果发现实际交货时间晚于计划交货时间、出库数量少于订货数量、订单数量修改等现象发生的频率上升，企业也需要考虑是否因为供应受限而缺货。

②高销过滤。有些销售活动是偶发的，并不会在未来重复出现，比如非常规的促销活动。对于这样的销售活动的相关数据，通常需要进行滤除，以便呈现能够预示未来趋势的真实市场需求。在本章后面，我们将对促销场景下的数据清洗进行更加详细的探讨。

③低销还原。促销活动对活动之前和之后一段时期的需求可能会有抑制作用，对参与活动的产品的同类产品的需求可能会有蚕食作用。对于非常规的促销活动，企业需要对这些被抑制了的需求进行一定的填补，从而还原出市场的真实需求和节奏。

2. 数据清洗方法

如何进行数据清洗呢？常用的方法有3种：基于人工的修正、基于规则的修正和基于统计的修正。

①基于人工的修正。这种修正的好处是业务解释性较强，可以明确异常值产

生的原因，并根据实际情况灵活确定修正方法。但这种修正的工作量大，而且系统的支撑也是必要的。在修正过程中，修正者需要参考系统基于历史需求数据分析出的一些特征和实现的洞察来给出自己的判断。修正历史需求数据时最重要的是解释修正的原因，所有修正原因必须被分类保存并可以追溯。此外，通过系统支持，可以实现在聚合层次上的人工修正，以保障人工修正的工作效率。

②基于规则的修正。在信息系统的支持下，有些修正可以通过定义规则的方式来实现。例如，某运动服饰品牌将同款产品购买数量在30件以上的单笔门店订单视为大单，在进行销售预测时会剔除这些大单数据，以确保预测结果的准确性。

③基于统计的修正。基于统计对历史需求数据进行修正，可以避免数据清洗受到主观干扰，并且这种修正可由系统自动完成，无须人工介入。基于统计的修正通常包括两个步骤：一是异常值的发现，二是异常值的处理。在异常值的发现方面，我们常用的是基于概率的异常值发现方法。

第一个是Z分数法。假设数据总体是服从正态分布的，我们可以使用Z分数对数据进行标准化处理。一个数据点的Z分数，等于相应数据值减去均值后再除以数据集的标准差。对于正态分布的数据，有95.45%的数据分布在2倍标准差之内，99.73%的数据分布在3倍标准差以内。在统计学中，一般将Z分数的阈值设定为3，即当一个数据点的Z分数的绝对值大于3时，则认为这个数据点是异常值。但在实际应用中，在不同企业的不同场景下，对异常值的定义是不一样的。我们可以根据具体场景，估计异常值在数据中所占的比例，并据此来确定Z分数的阈值。

第二个是箱型图法。Z分数法使用样本的均值作为数据集的中心点，但样本的均值有时会显著地受到异常值的影响，使用箱型图法可以避免异常值对阈值的影响。箱型图法以数据集的第1四分位数和第3四分位数为参考点，这两个四分位数之间的距离称作四分位距（Interquartile Range，IQR），一般将距离参考点

1.5 倍四分位距之外的数据点作为异常值。

第三个是中位数绝对偏差法。平均绝对偏差（Mean Absolute Deviation, MAD）是样本与其中位数的绝对偏差的中位数，即 $MAD=Median(|x-Median(x)|)$。与 Z 分数法类似，这种方法可以计算每个数据点基于 MAD 的分数，即 $S(x_i)=(x_i-M)/(b \cdot MAD)$，其中 M 代表数据集的中位数，b 代表和分布有关的常数（对于正态分布，$b=1.4826$）。S 的阈值划定可类比 Z 分数，一般为 2~3。与前面两种方法相比，这种方法对异常值不敏感，对样本量也不敏感，适用于小样本中异常值的检测，并且适用于多种分布。

以上几种方法是在一维数据中检验异常值的方法，我们还可以将其扩展到多维数据场景中（比如同时考虑销售数量和销售频率两个维度），基于数据点之间的距离或密度对数据进行异常值检验。这些方法有更好的异常值发现能力，但是较为复杂，实际应用较少，在此不做过多介绍。

3. 数据清洗实施

识别出异常值后，需要对异常值进行处理。常用的异常值处理方法包括删除异常值、用均值 / 中位数 / 众数等替代异常值、用异常值发现模型中的上下界来替代异常值等，企业需要根据具体业务场景来选取合适的处理方法。

【案例分享】利用多项式拟合技术对修正后的数据进行趋势线拟合

某知名消费品企业已经采用了一个庞大的预测系统，但在数据清洗方面仍然使用 Excel 进行辅助。其在清洗数据时首先进行人工修正，并通过多项式拟合技术形成第一次系统清洗结果，然后就该结果与市场和销售部门进行沟通，在调整后再次进行拟合，多次互动后，形成最终的历史数据修正结果。多项式拟合技术是非常实用的修正技术，但是要防止过拟合。

6.3 清洗还是不清洗是一个痛苦的抉择

前面和大家分享了多种数据清洗方法，那实际业务中的数据清洗是如何进行的呢？接下来，我们以基于促销活动的数据清洗为例来说明。后一个促销活动的发生不仅会提高发生期的销量，同时还会因为提前购买效应蚕食后 N 期的销量，参与活动的产品有同类产品的话，还要注意对同类产品的蚕食效应。因此，在进行数据清洗时不仅要先"剔除"本期的增量，还要在后 N 期"补上"因提前购买效应而减少的销量，甚至还要考虑对别的产品的影响。先不说使用何种技术去分离数据，光是在各个时期以及不同产品间进行销量的增减调整，就会产生很大的工作量。

1. 清洗数据面临的挑战

①挑战一：基于促销类型，结合企业自身特点，界定哪些促销活动的数据是需要进行分离的。

②挑战二：确定哪些促销事件在强度超过一定程度时也需要进行分离。

③挑战三：在哪个层级上修正？SKU 层级还是类别层级？如果不是最具体的层级，还需要做数据分解。

④挑战四：如果有两种以上的促销活动并存，是否要按不同的促销类型单独进行修正？

⑤挑战五：是否要考虑提前购买效应和同类蚕食效应？哪些期间、哪些产品需要进行数据调整？

2. 不清洗数据的后果

如果你不对数据进行清洗、修正，你将承担如下后果。

①无法获取基准预测。

②无法应用统计预测模型。

③无法编制独立的促销预测。

④无法考核促销产出投入比。

⑤无法提升未来的促销效率。

3. 清洗数据的价值

一旦开始进行数据清洗，你将为企业建立一个极具价值的促销知识管理库，促进团队的认知和能力提升。在清洗数据时，更关键的是分析异常数据产生的原因，并进行总结提炼，形成具体的行动指导规则。因此，数据清洗是提升需求计划管理能力的关键步骤，但市场和销售部门的信息共享，以及需求计划管理系统的支持是进行数据清洗的必要条件。然而，大多数管理层难以接受这种长期投入且见效慢的改进措施。

是否可以让人工智能来执行这一任务呢？到目前为止，还没有证据表明某种技术能完全解决数据清洗问题，技术最多只能起支持作用，如进行预清洗，人工干预仍然是必需的，因为环境因素过于复杂和多变。尽管有些异常值可以通过大数据比对和机器学习来剔除，但许多异常值的处理仍需依赖启发式算法来提供预判建议，并且最终需要专业人员做出决策。因此，一旦决定使用机器学习等人工智能算法，数据处理就必须成为一个专职岗位的职能。

6.4　各显神通的预测方法

预测方法可以分为两大类：定性方法和定量方法。定性方法更多地依赖人的经验和直觉，而定量方法更多地依赖数据。在很大程度上，信息（数据）的类型决定了适用的预测方法。

6.4.1　定性预测法

使用定性预测法通常有两种情况：一是可用的历史数据缺乏，例如新产品上市，在这种情况下定性预测法往往是可用的预测方法；二是存在历史数据，但是未来会有一些新的变化，而关于这些变化的信息是非结构化的，在这种情况下我们可以先使用定量方法进行预测，然后使用定性预测法对预测结果进行调整。

定性预测法依赖人：一方面，人具有灵活地适应环境变化的能力，可以根据外界的变化快速调整自己的行为和决策，在环境发生变化时做出准确的预测；另一方面，人具有主观性、局限性、个体差异及自我意识，会为预测带来不利影响。因此，在进行定性预测时，要尽量使用系统化、结构化的方法，降低人的主观性和局限性等对预测的不利影响。常用的定性预测法主要有以下几种。

1. 主管意见审核法

这是一种自上而下的定性预测法，往往是指经理或主管基于其个人的经验和能力进行预测。需求计划经理通常是采用这种方法参与预测的，这也是消费品企业常用的预测方法。

2. 主管集体讨论法

这种方法是指召集一小群管理人员，运用他们的集体判断能力进行预测。这种方法常用于对比较关键的问题的预测。几个执行人员共同承担责任，提供多种不同的专业知识。在需求计划会议中也常采用这种方法。

3. 销售人员组合法

这是一种自下而上的定性预测法，每个销售人员基于自己的判断提供所负责区域的销售预估数据，然后汇总形成最终预测。这是很多工业品企业的主要预测方法。

4. 消费者市场调查法

这种方法是指使用地毯式方法进行销量预测。它包含对消费者和潜在消费者未来购买计划及对各种新产品的特点的反应的调查。这对于新产品预测或首批销量预测具有特殊帮助，但成本较高。

5. 德尔菲法（专家意见法）

德尔菲法的目标是以结构化迭代的方式，让多位专家达成一致的预测结果。使用德尔菲法的主要步骤如下。

①选择具有不同知识背景的专家。

②通过问卷调查（或电子邮件）从专家处获得预测信息。

③汇总预测结果，根据该结果形成新的问题并发给专家。

④再次汇总，提炼预测结果和条件，再次形成新问题。

⑤如有必要，重复前一步骤，然后将最终结果发给所有专家。

这种方法往往用于高科技产品或服装等行业，因为这些产品属性复杂，需要专家的介入。

6. 类比法

类比法常常在新产品预测或促销预测中使用，是指基于相似的老产品的销售情况来预测新产品的销售情况，或基于相似的历史促销活动的销售情况来预测未来某个促销活动的销售情况。使用类比法时，选择合适的类比对象是非常重要的。在新产品预测中，我们通常基于产品的属性来确定类比对象，但是到底哪些属性因子对产品上市后的销售情况会起决定性作用，有时候是比较难确定的。这一方面需要人的经验，另一方面也需要通过历史数据挖掘和验证。传统上，我们一般使用定性的方法来选择类比对象，并对销售情况进行折算，因此，从这个角度来看，类比法有定性的成分。近年来，也有人探索使用统计学习的方法进行类比对象的选择及销售情况的类比计算，这本质上也是一种类比法，但是完全采用定量方法的类比法。

7. 情景预测法

情景预测法是指通过对未来可能出现的一系列情景、场景和假设进行分析和推断，以预测未来事件发生的可能性和影响。针对这些事件，我们可以制订早期的应急计划。7.2.5 节将给出一个情景预测的实例。近年来兴起的直播等促销活动的不确定性较强，促销效果较难预测，因此，这也是情景预测法的典型应用场景。

6.4.2 时间序列法

时间序列法是最经典且最常用的定量预测法，其主要依据历史数据进行预测。时间序列法有很多不同的类型，包括滑动平均法、指数平滑法、时间序列分解法、自回归移动平均（Auto-Regressive Moving Average，ARMA）模型等，不同的时间序列法适用于不同的场景。

6.4.2.1 滑动平均法

滑动平均法常被称作移动平均法，由于"移动平均"容易和本章后面提到的ARMA 模型中的移动平均混淆，所以我们更喜欢称之为滑动平均。滑动平均法的基本思想是通过对每个时间点及其前面若干个时间点的数据进行平均，来预测后续时间点的数据。它通常适用于需求水平比较稳定，但又存在一定随机性的情况：通过滑动平均来平滑时间序列数据，消除其随机部分，可以获得更加稳定的需求预测值。

$$F_{t+1}(m) = \frac{1}{m} \sum_{i=1}^{m} Y_{t+1-i}$$

$$F_{t+1}(m) = \frac{1}{m} \sum_{i=1}^{m} w_i Y_{t+1-i}$$

以上两个公式给出了两种典型的滑动平均模型：简单滑动平均模型和加权滑动平均模型。公式中的 F_{t+1} 表示第 $t+1$ 期的预测值，Y_t 表示第 t 期的真实值，参数 m 表示滑动窗口长度，即滑动平均预测参考了之前 m 期的真实顾客需求。简单滑动平均模型对于 m 期内的历史数据进行简单平均（上式），而加权滑动平均模型则对历史数据进行赋权（下式）。w_i 表示当前时间点之前第 i 期的权重，$\sum_{i=1}^{m} w_i = 1$。通常，我们会将更多的权重放在距离当前时间点较近的数据上，从而更好地反映数据的近期特征。

6.4.2.2 指数平滑法

指数平滑法是 20 世纪 50 年代后期提出的一种非常成功的预测方法，被广泛应用于各类行业的需求预测。指数平滑法简单、易用，能够支持趋势和季节性的预测。直到今天，它仍然是应用最广泛的预测方法之一。本质上，指数平滑法是一种加权滑动平均模型，但和传统的加权滑动平均模型有两点不同：一是它使用所有的历史数据，二是它的权重是以指数形式衰减的。

指数平滑法有 4 种类型：简单指数平滑模型、二次指数平滑模型、三次指数平滑模型、Croston 方法。其中，简单指数平滑模型（也称水平指数平滑模型）与加权滑动平均模型一样，适用于数据变化比较平稳的场景，二次指数平滑模型（也称趋势指数平滑模型或 Holt 线性模型）适用于存在明显数据趋势的场景，而三次指数平滑模型（也称季节趋势指数平滑模型或 Holt-Winters 模型）则适用于具有季节性变化趋势的数据。

1. 简单指数平滑模型

$$F_{t+1} = \alpha Y_t + (1-\alpha)F_t$$

上式给出了简单指数平滑模型。简单指数平滑模型通过选取一个较合适的平滑参数 α，对上一期的预测值和实际值进行加权平均，得到新的预测值。简单指数平滑模型中的平滑参数 α 取值一般为 0~1。从公式中可以看出，α 取值越大，预测结果会越接近最近一期的实际值；其取值越小，预测结果则会越平滑。大多数情况下，α 取值为 0.1~0.3。如果预测误差主要来自时间序列值的随机波动，则调整时应使用较小的 α 值；而当预测误差主要来自时间序列的变动时，应使用较大的 α 值进行快速的调整。如果我们把 F_t、F_{t-1}、F_{t-2} 等依次代入上面的简单指数平滑模型，可以得到：

$$F_{t+1} = \alpha Y_t + \alpha(1-\alpha)Y_{t-1} + \alpha(1-\alpha)^2 Y_{t-2} + \alpha(1-\alpha)^3 Y_{t-3} + \cdots + (1-\alpha)^t Y_0$$

从上式可以清楚地看出，简单指数平滑模型等价于权重以指数形式递减的加权滑动平均模型。除了平滑参数 α 外，简单指数平滑模型还有一个初始参数。通常，预测者根据以前的经验来设定平滑参数的值；然而，一种更可靠和客观的确定未知参数值的方法是利用观测数据估计。和线性回归相似，我们可以通过最小化残差平方和（Sum of Squared Residuals，SSR）来进行参数估计。简单指数平滑模型的参数估计涉及非线性模型，需要借助优化工具，在此不进一步展开。

2. 二次指数平滑模型

霍尔特（Holt）将简单指数平滑模型扩展到对趋势的预测上，该模型由一个预测方程和两个平滑方程组成：

$$F_{t+k}=l_t+kb_t$$

$$l_t=\alpha Y_t+(1-\alpha)(l_{t-1}+b_{t-1})$$

$$b_t=\beta(l_t-l_{t-1})+(1-\beta)b_{t-1}$$

上面的公式中，l_t 是第 t 期时间序列水平的估计值，b_t 是趋势的估计值，因此 k 期之后的预测值是水平值加上 k 倍的趋势值。两个平滑方程使用简单指数平滑模型来分别估计水平分量和趋势分量，α、β 分别是相应的水平平滑系数和趋势平滑系数。因此，β 的取值和 α 的取值有相似的特点：β 值越大，则对趋势的最近变化比较敏感；而 β 值越小，则会使用更多的数据来平滑趋势。

上述模型被称作 Holt 线性模型，预测值是关于期数的线性函数。对于中长期预测，如果使用 Holt 线性模型，其后期的预测值将偏高或偏低，甚至出现负值。而在现实环境中，趋势的变化幅度不会一成不变，Holt 阻尼模型（实际上并不是 Holt 提出的）在 Holt 线性模型中加入了阻尼系数 φ，从而使未来的预测变得平缓：

$$F_{t+k}=l_t+(\varphi+\varphi^2+\cdots+\varphi^k)b_t$$

$$l_t=\alpha Y_t+(1-\alpha)(l_{t-1}+\varphi b_{t-1})$$

$$b_t=\beta(l_t-l_{t-1})+(1-\beta)\varphi b_{t-1}$$

阻尼系数 φ 的理论取值同样为 0~1，φ 取 1 时，Holt 阻尼模型则等同于 Holt 线性模型；φ 越小，趋势平缓得越快。由于较小的 φ 值会使趋势迅速平缓，通常 φ 的取值为 0.8~0.98。

3. 三次指数平滑（Holt-Winters, Triple Exponential Smoothing）模型

Holt-Winters 模型在 Holt 模型的基础上加入了季节性分量 s_t、相应的季节平滑方程和季节平滑系数 γ。Holt-Winters 模型的公式与 Holt 模型类似，在此不再罗列。需要说明的是，Holt-Winters 模型有两种不同的季节性分量纳入方法，分别称作加法模型和乘法模型。在加法模型中，季节性分量是一个绝对值，预测值由水平分量、趋势分量和季节性分量相加得到；而在乘法模型中，季节性分量是一个比例，预测值是由水平分量和趋势分量相加后乘以季节性分量得到的。因此，当季节因素对需求的影响与当前的需求水平关系不大时，通常选择加法模型；而当季节因素会使需求按比例变化时，通常选择乘法模型。

4. Croston 方法

长尾产品往往会呈现出一种间歇型需求模式：需求并不是每期都出现，会不定期出现一次，每次产生的需求数量也是不确定的，但通常较少。约翰·克罗斯顿（John Croston）在 1972 年提出了针对这种需求模式的预测模型，该模型被称为 Croston 方法。该方法基于原始需求的时间序列，构造了两个序列，一个序列记录了每次需求出现时的需求数量 q_i，另一个序列描述了需求出现的间隔时间 d_i。Croston 方法应用简单指数平滑模型对这两个序列进行预测，然后将其预测值相除（ $\hat{q}_{i+1} / \hat{d}_{i+1}$ ）的结果作为新一期的预测值。

虽然 Croston 方法在理论上存在缺陷，并不能正确地对间歇型需求进行建模，但与其他的时间序列法相比，其在间歇型需求数据上表现出相对较优的预测效果，这使其及其衍生模型（如 Croston TSB）成为业内处理间歇型需求数据时最常用的经验模型之一。

6.4.2.3 时间序列分解法

在 6.1 节中，我们认为需求的变化是多种不同因素造成的，这些因素相互叠加形成了最终的需求。时间序列分解法也是基于类似的思想，认为时间序列是由

多个成分构成的，可以把时间序列分解成数种模式，从而实现对需求的分析和预测。

大多数时间序列分解法认为时间序列是由趋势项 T_t、季节项 S_t 和残差项 R_t 这 3 种成分构成的。趋势项指时间序列数据中长期变化的趋势，也被称作趋势 – 周期项，它本质上代表的是周期性因素造成的数据变化。季节项体现的是季节性因素造成的数据变化，其是以季节长度 m 为周期变化的。对于月维度数据，m 一般是 12；而对于日维度的数据，m 可以为 7。趋势项和季节项不能解释的部分被称作残差项。时间序列可以由这 3 种成分相加（$Y_t=T_t+S_t+R_t$）得到，也可以由这 3 种成分相乘（$Y_t=T_t \times S_t \times R_t$）得到。

1. 经典时间序列分解法

在经典时间序列分解法中，趋势项是通过滑动平均法来估计的，滑动窗口长度通常设置为季节长度 m。得到趋势项的估计结果 $\hat{T}_t$ 后，通过对去趋势序列（$Y_t - \hat{T}_t$ 或 $Y_t / \hat{T}_t$，取决于所用的是加法模型还是乘法模型）中相同季节的数据项进行平均，即可得到季节项的估计结果。为了让结果具有更好的可解释性，我们会对季节项进行调整，使得加法模型中季节项之和为 0，而乘法模型中的季节项之和为季节长度 m。

2. X–11 系列方法

经典时间序列分解法存在许多不足。例如，由于趋势项是通过滑动平均法获得的，无法估计最后几个观测的趋势项；相同季节的季节项始终相同，对于长周期序列而言，这可能与实际不符；无法处理非固定日期的季节性因素（如中国的春节）等。美国人口调查局联合加拿大统计局、西班牙银行等，在经典时间序列分解法的基础上，先后开发了 X-11、X-11-ARIMA、X-12-ARIMA、X-13-ARIMA-SEATS 等一系列季节性调整方法，以期获得更准确的时间序列预测结果。这些方法被世界各地的政府机构广泛地应用于经济活动的预测，美国人口调查局的官方网站上提供了这一系列方法的软件包下载链接。

3.STL 法

STL（Seasonal and Trend decomposition using LOESS，使用 LOESS 进行季节和趋势分解）法是一种非常好用和稳健的时间序列分解法。它可用于各种季节长度，能够处理观测值缺失的情况，并能应对数据中的瞬变和异常。简单来说，STL 法使用局部加权回归的方法，通过内外两层循环，对趋势和季节这两个分量进行平滑，从而得到稳健的趋势和季节性分量。使用 STL 法时，需要设置趋势项平滑窗口长度和季节项平滑窗口长度这两个关键参数，它们控制了趋势项和季节项的变化速度，它们的值越小，允许变化的速度越快。这两个参数都必须是奇数，趋势项平滑窗口长度一般在 1.5 倍季节长度到 2 倍季节长度之间，而季节项平滑窗口长度一般不小于 7。

6.4.2.4　ARMA 模型

使用指数平滑模型或者时间序列分解法，我们可以获得时间序列的趋势项和季节项，但我们不能把趋势项和季节项所解释的销量简单地归结为残差。但通常这些残差并不是白噪声，它们与一些内生或外生的因素相关，因而也存在一定规律。以 ARMA 模型为代表的平稳的时间序列法可以用来探索这些残差的规律。

ARMA 模型描述的是时间序列数据中的自回归性。回归模型探索的是两个或多个变量（自变量和因变量）之间的关系，而自回归模型建立的是一个变量（时间序列）中的两个部分（过去和未来）之间的关系。ARMA 模型包含两种自回归关系，它们分别被称作自回归模型（Auto-Regressive Model）和移动平均模型（Moving Average Model）。

1. 自回归模型（AR(p) 模型）

在自回归模型中，预测值是之前 p 期历史数据的线性组合。

$$Y_t = \sum_{i=1}^{p} \varphi_i Y_{t-1} + \varepsilon_t$$

上式被称为 p 阶自回归模型，一般用 AR（p）表示。

对于 AR（1）模型，即 $Y_t=\varphi_1 Y_{t-1}+\varepsilon_t$，当 φ 的取值接近 0 时，序列会接近白噪声；当 φ_1 的取值接近 1 时，即前项对后项会有比较大的影响，数据会显得比较平滑；而当 φ_1 的取值接近 -1 时，数据会呈现出比较明显的上下振荡现象。当 $\varphi_1 \leqslant -1$ 或 $\varphi_1 \geqslant -1$ 时，时间序列是非稳定的。对于 AR（2）模型，情况会更复杂些，当 φ_1、φ_2 的取值均为正数时，数据会更平滑；而 φ_1 的取值为正数，φ_2 的取值为负数时，数据倾向于呈现出正负相间的振荡现象。图 6-1 给出了几个不同参数情况下 AR（1）和 AR（2）的表现示例，供读者进行对比。

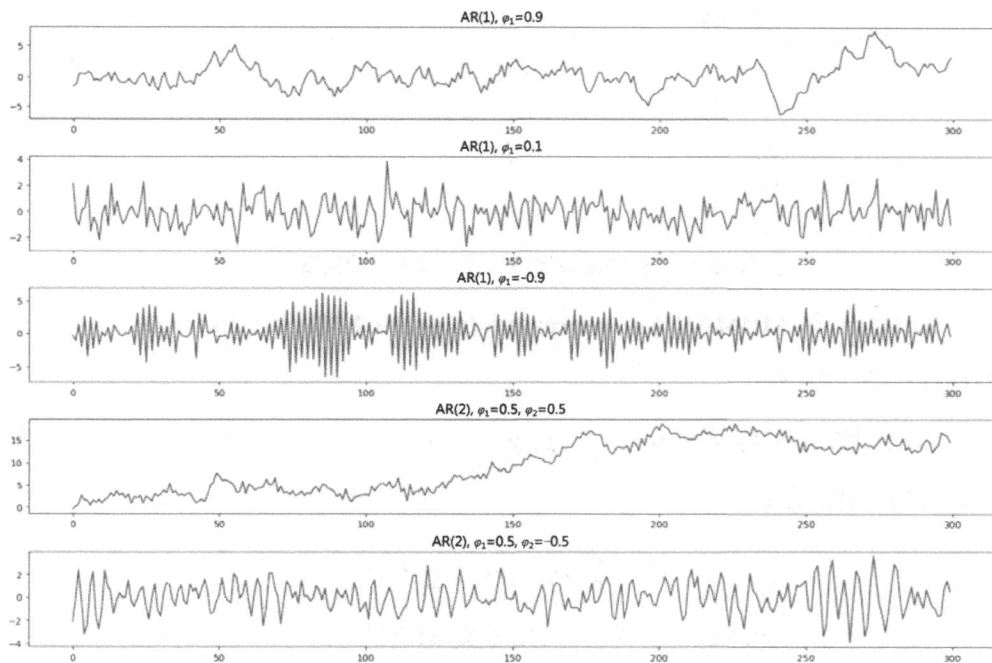

图 6-1　不同参数情况下 AR（1）和 AR（2）的表现示例

2. 移动平均模型（MA(q) 模型）

AR（p）模型使用历史数据本身进行自回归，而移动平均模型回归的是预测误差。移动平均模型表示为：

$$Y_t=\mu+\varepsilon_t+\sum_{j=1}^{q}\theta_j\ \varepsilon_{t-j}$$

上式被称为 q 阶移动平均模型，一般用 MA（q）来表示。由于 MA（q）序列是白噪声的有限滑动和，因此相对于 AR（p）模型来说，MA（q）模型数据的振荡往往会小一些，稳定性也要好一些。与 AR（1）模型类似，在平稳性的限制下，MA（1）也要求参数满足 $-1 < \theta_1 < 1$。图 6-2 给出了几个不同参数情况下 MA（1）的表现示例。

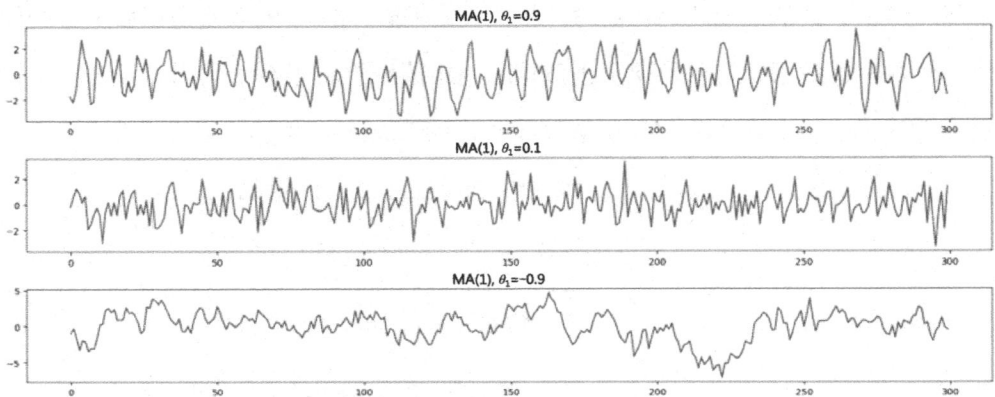

图 6-2　不同参数情况下 MA（1）的表现示例

3.ARMA 和 ARIMA（Autoregressive Integrated Moving Average，差分自回归移动平均）模型

自回归移动平均模型 ARMA（p, q）是 AR（p）模型和 MA（q）模型的组合，可用下式表示：

$$Y_t = \sum_{i=1}^{p} \varphi_i Y_{t-1} + \varepsilon_t + \sum_{j=1}^{q} \theta_j + \varepsilon_{t-j}$$

AR（p）模型和 MA（q）模型可以看成 ARMA（p, q）模型的特殊形式。由于 ARMA 模型对时间序列有平稳性的要求，为了满足这一要求，对于非季节性时间序列，可以通过差分的方法获得满足平稳性要求的时间序列，再用 ARMA 模型进行拟合。此时差分自回归移动平均模型 ARIMA(p, d, q) 对时间序列进行 d 阶差分后，可形成 ARMA（p, q）模型。对于具有季节性的时间序列数据，可以通过在 ARIMA 模型中引入季节性的项来进行拟合，此即季节性差分自回归移动平均模型 ARIMA(p, d, q)(P, D, Q)m，其中参数 m 表示季节长度，P、D、Q、m 这 4 个参数表示模型中的季节性部分。ARIMA 模型比较复杂，我们通常采用统计软件来进行模型选择和参数估计。

6.4.3 回归分析法

在前面提到的时间序列法中，我们仅仅使用了历史销售数据进行预测。很多时候，需求的变化会和一些外部因素（例如价格的变化）直接相关。如果我们能够获取这些信息，并将其加入模型中，或许可以显著地提高预测的准确性。回归分析法便是一种探索多变量之间关系的方法，让我们可以用外部的信息来对需求进行预测。

6.4.3.1 线性回归模型

线性回归模型假设因变量和一个到多个自变量之间存在线性关系。

$$Y_t = C + \sum_{i=1}^{k} \gamma_r X_{i,\,t-1} + \varepsilon_t$$

线性回归模型大概是最广为人知的一种数学模型，但在需求预测领域直接采用基本的线性回归模型来进行预测却相对比较少见。其部分原因在于，很多与需求相关的宏观数据（比如经济活动水平）的发布是滞后的，因而很多时候无法直接用来指导预测。

【案例分享】通过线性回归模型建立价格弹性模型

事实上，线性回归模型可以用来对价格变化所造成的需求变化进行解释。我们用价格弹性系数（E）来衡量价格变动对需求的影响，$E = \dfrac{\Delta Q / Q}{\Delta P / P}$，即需求的变化率除以价格的变化率。通常来说，价格弹性系数是小于 0 的，即需求和价格的变化方向相反。如果认为在有限的价格范围内，价格弹性系数不随价格变化而变化，则价格弹性系数的公式可转化为：

$$l_n(Q) = E \cdot l_n(P) + C$$

基于上式，可以建立起关于价格数据和销售数据的线性回归模型，通过最小二乘法得到价格弹性系数，从而对因价格而产生的需求变化进行预测。根据我们的经验，在历史中存在多次不同的价格变动时，该模型可以获得比较显著的拟合结果。

6.4.3.2　动态回归模型

时间序列模型能够处理需求中的趋势性、季节性和自回归性，而线性回归模型可以建立其他变量和需求之间的关系。动态回归模型将这两种能力结合起来，在时间序列模型的基础上纳入外生变量，以期获得更好的预测效果。

$$Y_t=C+\sum_{i=1}^{k}\gamma_i X_{i,\,t-1}+\eta_t$$

上式给出了动态回归模型的一般形式。其中，η_t是一个时间序列过程，可以选用不同的时间序列模型；X_i是外生变量，可以是节假日、工作日的数量，也可以是某类型的促销活动等。

6.4.4　机器学习法

回归分析法可以用来构建销售数据和外部因素之间的模型。但如果涉及的因素较多，销售数据和外部因素之间的关系比较复杂，并且其中又存在非线性关系，通过回归分析法建模就会变得较为复杂和烦琐，甚至会让人有些力不从心。那有没有不需要人工指令，就能够在复杂的数据中探索关系、分析规律，并建立出预测模型的方法呢？答案是有的。机器学习法正是这样的方法，它基于统计学理论，从历史数据中找出模式和规律，并将其用于对未知场景的预测。

机器学习法是一类方法的统称。受益于计算机性能的飞速发展和海量数据的沉淀，机器学习技术在近10多年间得到了飞跃式的发展，甚至涌现出了ChatGPT这一人工智能领域划时代的产物。机器学习法可以用来处理分类、回归、聚类、生成等问题，而需求预测通常属于回归问题。下面介绍两大类适用于需求预测领域的机器学习法。

6.4.4.1　决策树

决策树是一类经典的机器学习法，它通过构建一棵或者一组树来解决分类或回归问题。决策树由节点和边组成，其中分支节点表示样本数据的某个特征或属性，边表示这个特征或属性的取值，每个叶子节点代表着分类或者回归结果。以需求预测为例，一棵决策树中的分支节点可以是节假日的天数、是否有促销活动、促销活动的类型等，而对应的叶子节点代表相应的需求预测值。决策树算法基于确定的评价指标，从数据集中选择适当的特征，然后根据选定的特征将数据集分成若干个子集，从而形成若干个分支节点，之后再从分支节点开始，递归地构建子树，直到满足设定的停止条件为止。此外，决策树算法还会对生成的决策树进行剪枝处理，以避免过拟合，提高泛化能力。

由于决策树的结构较为直观，决策路径可以按照树形结构清晰地表示出来，因此决策树容易被人们理解，具有较好的可解释性。此外，决策树能够处理同时包含连续型和分类型变量的数据集，适用性比较强。因而决策树被广泛地应用于解决分类和回归问题。对于预测问题，常用的基于决策树的模型如下。

①分类回归树（Classification and Regression Tree，CART），这是一种典型的决策树生成算法，它提供了一种通用的决策树生成框架，可以同时支持分类和回归两类问题的解决，在预测领域具有广泛的应用。

②随机森林（Random Forest，RF），它使用自助抽样和随机特征选择等方法来构建多棵决策树，然后对所有单棵回归树的预测值求平均以获得最终的预测值。与单棵树相比，随机森林可以处理高维数据、避免过拟合、更好地应对不平衡数据，并获得更高的预测准确性。

③梯度提升树（Gradient Boosting Decision Tree，GBDT），是另一种使用多棵决策树来提升预测性能的算法。它使用逐步迭代训练的方法，在每一轮迭代中，让新加入的决策树来拟合上一轮迭代中预测错误的样本，从而不断提高模型的预测准确性。在需求预测领域，梯度提升树是一种非常优秀的机器学习法，具

有很强的适应性和泛化能力，在数据量满足要求的前提下，常常能够获得相对较优的预测效果。

6.4.4.2　人工神经网络与深度学习模型

人工神经网络是另一类应用广泛的机器学习法。它是一种模仿生物神经网络的结构与功能的数学模型，由多层节点（被称作神经元）相互连接而成，每个神经元从其连接的多个神经元中接收输入，并产生一个输出给后续的神经元。在模型的训练过程中，通过多次迭代对模型中各神经元连接的权重和偏置项进行调整，可以拟合出输入数据的复杂非线性关系，并使其逐步逼近目标输出，从而获得优异的预测效果。

深度学习是一类基于人工神经网络的机器学习法，它通过构建多层神经网络，逐层从数据中学习特征表示，以处理复杂的模式识别和决策任务。深度学习在语音识别、计算机视觉和自然语言处理等领域得到了广泛应用。深度学习也被应用在需求预测中，循环神经网络、长短期记忆网络、卷积神经网络、自回归神经网络等多种深度学习模型均在某些需求预测的场景下有较好的表现。

但是，深度学习对所需的训练数据量有较高的要求，如果没有足够的训练数据，深度学习便无法展现其优势。在需求预测场景中，可用的数据往往不是很多，致使很多时候深度学习的效果和其他预测方法相比并不具有显著的优势。此外，深度学习对计算资源的需求要显著高于传统的机器学习法，模型和结果的可解释性又相对较差，这些都限制了深度学习在需求预测领域中的应用。

6.4.5　组合预测

前面介绍了很多不同种类的预测模型，而组合预测是一种将多个预测模型结合起来以提高预测精度的方法。组合预测可以通过利用不同模型的优势来减少单个模型的不足之处，从而得到更准确的预测结果。

组合预测的基本方法是将多个模型的预测结果结合起来，通过加权平均等方式，得到最终预测结果。在许多情况下，只需对不同预测模型的预测结果进行简单平均就可以显著提高预测精度。机器学习法中的集成学习方法也提供了一系列基于数据来训练组合模型的方法。前面提到的随机森林是一种基于袋装法的集成学习方法，而梯度提升树是一种基于提升法的集成学习方法。这两种方法都属于集成学习方法，并显著提高了决策树的预测效果。

前面我们谈到需求计划管理是一个流程型职能，需要借助多个部门或多个业务角色的支持才能完成高质量的预测。"协同"是需求计划管理的核心，按《超预测：预见未来的艺术和科学》作者的话来说，"协同"就是"群体智慧"的体现。从技术的角度来说，组合预测技术就是对"协同"理念的最直接的支持。通过组合预测技术，包括统计预测在内的不同的业务角色的定量预测建议可以通过预定义的权重被计算在最终预测中。所以，这个最终预测体现了各种视角的融合，比如统计预测与来自各业务部门的定性预测的融合、业务员预测与区域经理预测的融合、促销预测与基准预测的融合。所以，组合预测技术还可以是实现多角色协同与融合的重要技术手段。

6.5　适合自己的才是最好的

我们在和业务人员交流的时候，大家经常问的一个问题就是：有没有适合我这个行业的预测模型？诚然，各个行业有各个行业的特点，但即使在一个行业中，不同企业在产业链中的位置不一样，其业务模式也不尽相同，因而需求特征也可能各不相同。在一个企业内部，在不同的销售渠道中，需求特征往往也会不一致。因此，在进行预测模型选择的时候，首先需要搞清楚的是各产品在各渠道的需求特征是怎样的，以及这样的特征是受哪些因素的影响而形成的。但是通过第4章我们知道，预测模型或者技术路径的选择仅仅是预测编制模式的一个维度，我们需要的不仅仅是一种预测模型，而是一套预测编制模式。

6.5.1 如何选择预测模型

在 6.1 节，我们介绍了一些需求变化的模式，包括季节性因素造成的固定周期的需求波动、产品生命周期的不同阶段形成的需求上升或下降的趋势、促销活动造成销量的短期提升继而下降的现象等。具体到某个产品或品类上，我们可以参考历史需求数据，对导致需求变化的因素逐一进行分析。

①季节性因素：需求是否在一年内的春夏秋冬四季呈现出显著的季节性变化？如果发现存在对需求有显著影响的季节性因素，那么在模型选择上需要选取支持季节性因素的模型。

②周期性因素：产品的生命周期曲线是什么样的？当前产品处于生命周期的哪一个阶段？行业的发展趋势是怎样的？当前经济处于扩张区间还是收缩区间？如果需求存在显著的变化趋势，则需要选取支持这一趋势的模型。

③营销和促销因素：产品经常进行促销活动吗？促销活动是周期性的还是一次性的？每次促销活动的力度是相同的还是不同的？如果促销活动是周期性的，并且每次促销活动的力度相似，可以考虑使用季节性因素来反映促销活动的影响；如果存在一些力度不一的非周期性促销活动，则需要考虑支持外生变量的模型。

④管理因素：管理因素造成的需求波动往往并不是真实需求的反映，在需求预测中是否需要对此进行预测，是一个仁者见仁、智者见智的问题。如果希望在销售预测中反映真实需求，可以考虑支持季节性因素或者外生变量的模型。

⑤竞争环境和突发事件：从模型的角度来说，支持外生变量的模型可以用来呈现竞争环境或突发事件造成的需求变化。但对于这类情况，由于相关数据较少，单纯依靠历史数据有时候无法建立起有效的模型，可以把重心放在多业务角色支持的协同预测上。

表 6-1 所示为常规预测模型适配因素表。需要注意的是，并不是越复杂的模

型表现得越好。在数据量有限的前提下，复杂的模型会倾向于过拟合，从而造成预测效果的劣化。需要注意的是，表 6-1 中的周期性指的是我们在 6.1.2 节中提到的周期性因素，其在预测模型中通常表现为趋势性。

表6-1 常规预测模型适配因素表

模型	稳定型	间歇型	周期性	季节性	促销	节假日	天气
简单指数平滑	√						
二次指数平滑	√		√				
三次指数平滑	√		√	√			
Croston		√					
STL	√		√	√			
ARIMA	√		√				
SARIMA	√			√			
SARIMAX	√		√	√	√	√	√
线性回归					√	√	√
动态回归	√				√	√	√
梯度提升树	√		√	√	√		

除了需求模式之外，另一个对预测模型的选择具有决定性作用的因素是可获得的数据。巧妇难为无米之炊。没有相应的数据，只有模型，也无法获得理想的预测结果。如果我们发现促销活动对需求有显著的影响，那么获得促销活动的信息便是提高预测准确性的关键。我们建立预测模型不仅需要历史促销活动的信息，也需要将来促销活动的计划。为什么有的时候我们觉得业务人员的预测效果比统计模型的预测效果好？关键就在于业务人员获得了一些额外的信息，而这些信息没有被统计模型考虑到。除了数据的广度之外，数据的长度也是需要考虑的因素之一。为了对季节性因素进行建模，通常至少需要两个周期的数据。希望在模型中考虑的因子越多，则需要的数据就越多，从而避免过拟合。前面提到的机器学习、深度学习模型可以有效地提升预测效果，但这需要更长时间的数据的支持。但数据长度也不是越长越好，我们的业务变化得很快，当前的需求模式和

三五年之前相比可能会有很大的区别，若把三五年之前的数据拿来训练模型，有时候并不会获得正向的效果。

6.5.2　如何评价模型预测效果

实践是检验真理的唯一标准。一个模型的优劣，最终取决于其预测效果。评价模型预测效果通常分为两个阶段。第一阶段，在模型正式应用前，通过使用模型对历史情况进行"预测"，并根据"预测"结果与实际数据的偏差来评估和调整模型，这是模型的回测阶段，主要目的是优化模型。第二阶段，在模型投入使用后，需要持续跟踪和监控其预测效果，若发现偏差超出预期，则需及时查明原因，并根据情况做出相应调整，如引入新数据、调整模型参数或更换模型等。

对模型进行预测效果评价有很多种指标，包括反映偏差正负值的平均百分比偏差（MPE/BIAS）、反映偏差绝对值的平均绝对偏差（MAD）、反映绝对偏差相对值的平均绝对百分比偏差（MAPE）、反映大偏差的均方偏差（MSE）和均方根偏差（RMSE），这些都是基于预测值和真实值之间的偏差进行计算的评价指标。此外，还有的评价指标中加入了反映模型的复杂度的因子，例如调整后R方（Adjusted R^2）等，为模型的选择提供依据。不同的评价指标适用于不同的场景，例如，MAPE给出的是偏差的相对值，比较直观，也便于进行横向比较，但是对于销量接近于0的低销产品来说，计算出来的偏差可能会非常大，不利于对预测效果进行正确的评价。此外，使用不同的评价指标有时会得到不一致的结论。因而，对评价指标的选择需要根据应用场景和实际数据决定。关于评价指标的计算以及选取方法，将在第9章"预测不是为了衡量准确性，而是为了衡量偏差率"中具体展开。

6.6　总结：需求计划的"三分技术"

本章旨在从科学的视角深入探讨需求计划管理中技术的重要性。尽管人们对需求计划的理解日益加深，许多同行仍试图寻求一种模型来优化预测。然而，利用技术手段来提高预测效率，通过算法清洗数据并发现规律，为人工预测提供基准，才是技术的真正价值。本章详细分析了影响需求的各种因素，并重点介绍了数据清洗技术，这是预测技术应用的关键前提。同时，本章也深入讨论了几类预测方法及其组合应用，并探讨了如何根据不同的业务场景选择合适的模型。

第 7 章

产品管理和新产品预测

　　供应链管理中最难的就是供应链计划管理，供应链计划管理中最难的就是需求计划管理，而需求计划管理中最难的是新产品预测。近几年，市场竞争日益激烈，科技发展日新月异，一个显著的变化就是产品迭代更快，生命周期缩短。不过，产品生命周期缩短有时并不是因为竞争，而仅仅是因为产品更新换代过快。

　　一家生产食品的企业竟然有 1000 多个 SKU，一家生产沙发的企业竟然有上万个 SKU，一家生产医疗器械的企业竟然有数百万个 SKU。先不论原料和工艺的多样性，产品多样性对于供应链管理而言便是一个显著的压力点。30 多年无控制的积累，导致很多企业的产品管理进入了两难境地：若削减产品，会影响销售，特别是当销量已经进入下行阶段时；若维持现状，则会导致资源浪费，效率低下。这就是许多企业在产品管理中所面临的困境。商业预测与计划协会对产品管理有一个形象的比喻，即产品和花园里的花草、树木一样，不仅应该有规划，而且要经常修剪，保持整齐，并错落有致，否则就和丛林没有区别了。

【案例分享】"多不一定好"

　　在日本东京银座这种寸土寸金的地方，有一家名为"森冈"的书店，它每星期只售卖一本书。老板森冈之前是一个导游，每次带团队去购物，由于商品琳琅满目，大家往往手里拿几件，眼里看几件，最后购物时间到了，只能匆忙选择，草草了事，事后又抱怨买的东西不喜欢。森冈认为问题的根本是产品太多、太杂，使顾客出现了"选择困难"。如果顾客一直纠结我该买哪本书，就不会有精力去关注书本身的内容。这就是森冈书店每周只卖一本书的原因。这种极端的策略能吸引顾客吗？森冈书店还真是生意兴隆。在充满艺术感的环境下，顾客直接静静阅读，无须选择，最后买书走人，因为这本书是森冈书店精挑细选的。一段时间后，凡是被森冈书店摆上书架的必定会成为当周畅销书，许多出版商纷纷推荐好书，森冈书店得以第一时间接触最新的好书，再推荐给读者。因此开业不满一年，森冈书店就已赢利。森冈书店的做法可能不适合直接复制，但是希望其经营理念可以引发你的思考。

7.1 产品复杂度管理和退市管理

在探讨新产品预测这个主题之前，我们先讨论一下何为产品管理。在几次培训中，我问在座的人的企业中是否有产品生命周期管理机制、新产品上市和老产品退市流程、产品组合管理机制以及产品复杂度管理机制等，大部分人回答"没有"。他们没有明确划分过产品生命周期，销量不高时就让产品自动退市；产品之间的关系也没有明确定义，产品上市和退市时没有做特别的关联性或替代管理，没有量化考核新产品上市成功率。这是因为他们没有具体定义何为成功，何为失败；没有对销售区域进行产品组合限制，怕影响销售；也没有定期评估长尾产品，因为各个区域情况不一样。在产品管理一片空白的情况下，新产品预测也将是空中楼阁。

7.1.1 产品复杂度管理开始进入管理者的视野

随着近30年的高速发展，很多企业的新产品数量增长速度远高于利润增长速度，并且随着新常态经济的到来，产品进入平台期或者衰退期，利润增长的压力逐渐显现，企业纷纷开始关注已经泛滥成灾、积重难返的产品体系。其实，企业不仅要关注生产和销售的协同，更加要关注生产与研发的协同。事实上，产研矛盾甚至超过了产销矛盾，因为产品复杂度对企业运营效率的影响已经超越了预测不准对企业运营效率的影响。

让我们看看产品简化带来的好处。

①需求计划更加准确：因为销量集中且相对稳定。

②计划调整更加高效：品种少，计划调整简单。

③采购谈判更有优势：单一品种采购量大。

④物流配送更加高效：品种少，仓库管理更加高效。

⑤销售资源利用率更高：产品的集中提升了销售资源利用率。

总之，企业应在可能的情况下减少不必要的 SKU，降低整体运营复杂度，提升运营效率。设立一个独立职能来管理 SKU 的合理性对一家已具规模的企业而言是非常值得的投入。除此之外，这种控制不仅会给制造商带来巨大的管理优势，也将使经销商和供应商受惠，为构建一个健康、良性的供应链生态环境打下坚实基础。

7.1.2　如何界定一个企业的产品复杂度是否合理

如何界定产品复杂度是否合理呢？有一个"1% 规则"供大家参考。也就是贡献了最后 1% 的销售收入的 SKU 数占总 SKU 数的比例（有些企业需要按品类来计算），这里的 SKU 数按常规产品统计，不含新产品。消费品与定制化工业品有所不同，消费品的 1%SKU 长尾比例应该控制在 25% 之内，而定制化工业品（包括定制化消费品）的 1%SKU 长尾比例应该控制在 35% 之内。如果深入分析这 1% 的长尾产品，你会发现它们占的库存超过了 15%，并且是呆滞库存的主要贡献者，它们还增加了太多的原料和工艺复杂度，如果可以按利润进行分析，它们的利润率远低于 1%，甚至带来的是负利润。

7.1.3　长尾产品是如何来的

1. 新产品考核指标牵引

不同企业的新产品战略存在差异，一些创新引领型企业要求年度销售收入的 25% 来自新产品，但未设定新产品单品销量的具体占比，这导致新产品数量迅速增加。同时，许多企业将研发部门与销售部门在新产品总收入考核上进行捆绑，这种模式虽有助于推动新产品销售，但仅考核总收入使得研发人员忽视单品收入，专注于增加新产品总收入，从而导致产品数量失控。

2. 产品生命周期管理缺位

有相当多的企业是没有产品生命周期管理理念的，特别是工业品企业，其产品只有上市而没有退市的概念。这些企业认为即使今年客户不要某个产品,不意味着客户明年也不要;这个客户不要,不意味着其他客户不要。由于没有有效的产品退出机制,这些企业的产品数量不断累加。

3. 立项无控制,研发成本低

一些企业的产品数量之所以失控,主要是因为立项便捷并且产品研发成本较低。比如在某些研发成本较低的化工行业,销售人员可以直接决定是否立项,研发人员可以直接决定是否研发,在盲目的客户导向和低研发成本的推动下,其产品数量快速增加。

4. 销售策略缺失引导

在定制型、配置型行业,企业的销售策略对产品的结构影响非常大。如果销售策略对所有产品一视同仁,没有策略鼓励销售人员去主动引导或管控客户的选择,将催生出各种配置,导致产品线迅速扩张。在客户导向的引领下,有些企业竟然不允许销售或客服人员引导客户,认为客户所有的需求都应该被满足,其实这非常片面地误解了客户导向的真实思想。对于客户的真实需求,我们往往需要去探究其背后的原因,不仅要听客户讲话,更要观察客户行为,透过现象看到客户最本质的诉求。正如 7-Eleven 便利店创始人所言:以客户为中心,不是为客户着想,而是站在客户的立场去思考。

5. 对客户选择权的理解

选择多对于客户而言是负担还是福利?这是一个不容易回答的问题,它和企业的竞争策略有关。有些企业以提供全产品系列作为竞争优势,在这种情况下,让客户有更多选择就是企业的战略。而现在大部分人认为过多的选择对客户而言是负担,很多行业都出现了将产品做精而不是做多的典型案例。

7.1.4 建立有效的产品管理机制

产品管理对于预测管理的影响非常大,下面基于一些领先行业的实践对产品管理做简要分享。

1. 职能设置

企业应成立一个独立的产品管理部门，它既不属于研发部门，也不属于销售部门，大部分企业将其放在相对独立的市场部门，并明确它直接向总经理汇报，而不是向销售总监汇报。其主要职责是从产品视角落实企业战略，对产品的全生命周期表现进行监控，对 SKU 的合理性进行评估控制。这个职能也是流程型职能。

2. 职能特点

①非直线领导，但能推动跨部门合作和决策。

②兼具专业技能和沟通能力，有全局视角，从长期利益出发。

③基于数据分析提升执行效率，并优化流程。

3. 工作内容

①负责产品规划，确保产品战略与企业战略一致，包括市场销售策略、研发设计策略、利润价格策略、新老产品交替策略、制造策略和质量策略等。

②负责产品组合优化，通过定期的数据分析，提出 SKU 缩减品种建议和区域销售组合建议，确保各产品线的健康。

③负责新产品上市与协调，制定新产品开发的监控、检查机制，建立新产品开发的回顾机制，定期与不同管理层分享重要进度，确保关键问题和风险被落实和解决。

④负责监控设计变更过程，制定现有产品设计变更流程，确保流程执行的高效性以及成本损耗、法律等风险的可控性。

⑤进行新产品业绩回顾，建立新产品关键绩效指标体系，提升新产品利润贡献率，定期回顾战略性新产品的业绩表现，推进新产品业绩改善计划的落实。

⑥负责退市产品管理流程的建立和优化，推动退市产品管理流程的落地执行。

4. 流程和指标特征

①有明确的产品生命周期管理流程，包括对新产品和退市产品的定义。

②有新产品立项规则、新产品开发流程、新产品上市流程、产品退市流程等。

③有完善的指标体系，包含新产品研发成功率、新产品上市成功率、新产品收入贡献率、单品利润率、产品复杂度等指标。

④有产品标准化、原料标准化和工艺标准化等管理制度。

这里必须再次强调产品管理的重要性。特别是在中国，大部分的企业主要从事定制化制造，灵活的个性化生产模式无疑是中国制造业的竞争优势，然而，这种模式一旦失控，优势就会变成劣势，从而对企业自身造成伤害。以客车制造行业为例，这个行业与家用汽车行业截然不同，没有受到任何政策保护，但在这个行业中领先的却是我们的民族企业，这与受政策保护的家用汽车行业形成鲜明对比。当然，这背后有多种原因，其中之一就是该行业的产品高度客户化，这种复杂度反而成为竞争壁垒。这个案例也反映出，中国企业在管理复杂度方面似乎超越了西方。但是，当复杂度达到一定水平后，其负面效应就会逐渐显现。客车制造商已经意识到了这一问题，并开始实施一系列策略，鼓励销售人员推广标准配置，并在制造和备件采购等方面推行标准化和模块化措施。这是因为产品管理的成本本身不高，但失控后的纠错成本却非常高。

7.1.5 建立产品退市评估程序

在产品管理方面较为成熟的企业会设置产品复杂度这个指标。一般有 3 个部门会考核这个指标，一个是市场部门，一个是销售部门，一个是供应链计划部门。供应链计划部门并无权力调整产品，但却是产品复杂度的监控部门和评估发起部门。通常的产品退市评估方法是，除了基于战略需要以及客户合同中明确的惩罚性条款要求外，销售收入排名最后 1% 的产品应该进入退市评估清单，最终的退市名单决策权一般属于市场部门。产品一旦进入退市流程，预测工作只是其中的一部分，更重要的是后续的退市过程管理。在产品管理中也有马太效应。一般认为，需要进行产品管理的是一些以客户化定制产品为主的工业品企业，但是实际上产品管理水平较高的是一些国际知名的消费品企业。他们不仅仅控制 1% 的长尾产品，更会对各个品类单独进行 SKU 数量限制，包括对促销品数量的限制，甚至包括对原料的限制。图 7-1 所示的是某企业的 SKU 优化流程，该企业对于哪些产品可以进入优化流程做了明确的界定，包括销售收入排名最后 1% 的长尾产品、可替代产品、需求快速减少的产品等 3 类。退市评估标准也非常明确，即是否有战略需求，是否可以用其他产品替代，是否有与客户间的合约限制，如果有，惩罚性条款是否难以承受，符合相应标准即可进入 SKU 退出程序。

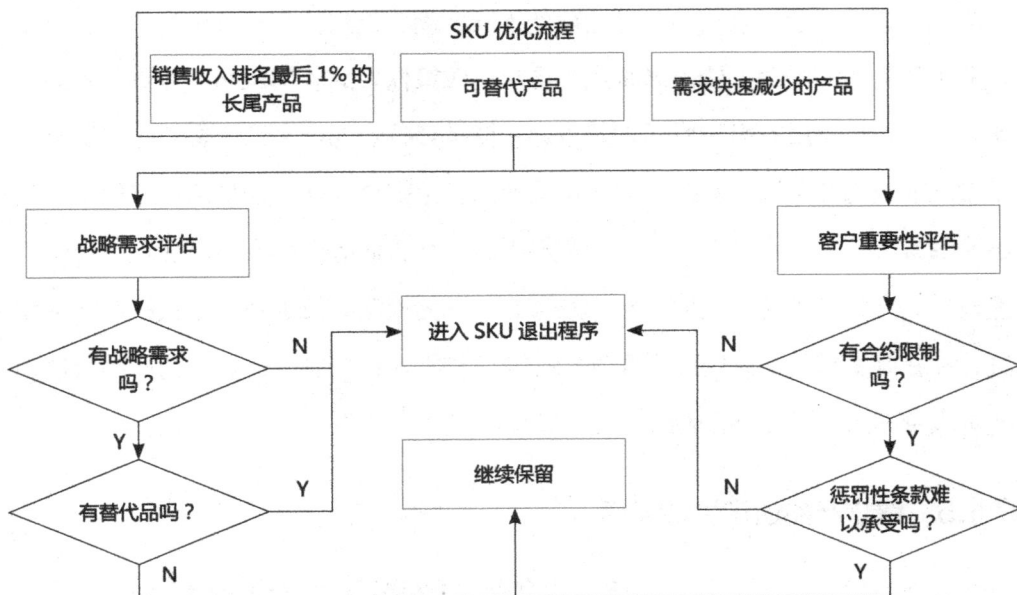

图 7-1　某企业的 SKU 优化流程

对于第一次进行产品优化的企业，有效的方法是建立由首席财务官牵头的跨职能项目小组，并逐步细化规范产品复杂度管理流程。基于企业产品开发的节奏，退市评估可以半年进行一次或者一年进行一次。

7.1.6 退市产品退出过程管理

产品一旦通过退市评估流程进入退市名单，管理的重心便不是预测，而是确保退出流程有序和受控地推进。管理退市产品的关键是要将其变化反映到计划和执行策略中，这就是退市产品退出过程管理，包括职能设计、流程设计以及绩效评估。应该说大部分产品是经过了一个完整的生命周期后才进入退市阶段的，但是也不排除部分新产品会很快进入退市阶段。很多企业对新产品退市一直非常纠结，但是如果企业管理不好新产品的生，也无意控制它的死，那它最后就会反过来影响企业的生死。退市产品退出过程管理是绝大多数企业的一个弱项，甚至很多企业根本没关注这个环节，它们想得更多的是如何开发更多新产品。很多企业可能在某一天突然发现产品太多了，但这时想要调整已十分困难。和治理环境一样，其尽管代价高昂，却是不得不选择的道路。对于如何管理产品复杂度，前文已经做了阐述，下面就退市产品退出过程管理和大家做一些分享。

1. 职能设计

前面我们已经与大家分享了产品退市评估程序，其目的是确定退市产品。一般市场部门是退市产品的最终决策者。一旦确定退市产品后，下述各部门将分头行动。

①市场部门：制订产品退市计划，包括确定产品停止生产的时间、停止发货的时间、停止销售的时间，仓库和渠道库存处理方案，等等。

②需求计划部门：将退市产品的变化反映在预测变化中，调整未来关联产品预测量，包括删除退市产品预测项等。

③销售部门：负责知会相关经销商、关键客户，并处理现有库存，预估相应产品退市对销售状况的影响。

④生产部门：将退市产品的变化反映在产能计划变化中。

⑤采购部门：将退市产品的变化反映在采购计划变化中，包括反映在供应商

关系的变化中。

⑥仓储部门：将退市产品的变化反映在仓储能力计划变化中。

⑦研发部门：了解退市产品对产品结构的影响，调整研发计划。

⑧主数据管理部门：负责在第一时间更新退市产品相关主数据，包括成品和涉及的原料。

2. 流程设计

①确定退市产品——见 7.1.5 节

A. 每半年或一年（或基于新产品发布周期）将销售收入排最后 1%SKU 的常规产品纳入退市评估清单。

B. 明确和量化例外规则，对战略需求、关键客户需求以及不符合规定但希望保留的产品进行申报和审批。

②编制产品退市计划——执行退出流程

A. 市场部门负责编制产品退市计划，包括退市通知发送、替代产品准备、退市产品处理以及相关费用核算。

B. 将产品退市计划提交管理层进行审核。

C. 供应链计划部门基于产品退市计划编制供应链退市计划，包括生产、原料采购、库存处理以及 ERP 系统中的计划策略设置、主数据更新等。

D. 市场部门基于产品退市计划，编制产品退市预测，提出影响产品预测的相关调整建议。

E. 需求计划部门评估产品退市计划和预测的合理性。

F. 需求计划部门调整相关产品的分流预测或增量预测。

3. 关键要素提示

预测的编制不是产品退市的关键要素，产品退市的关键要素是替代产品计划编制，成品、原料库存处理，与经销商和供应商的合作关系调整，主数据更新，订单规则调整，等等。

【案例分享】复杂度对企业和利润的影响

家居制造商 A 和 B 都是家居行业的标杆企业，他们的主营产品不同，产品的品种数也天差地别：A 企业的品种数为 500 多个，B 企业的品种数有上万个。在这样的竞争前提下，运营效率已经难以对比。从两家企业的供应链管理模式而言，B 企业远远优于 A 企业，但 B 企业的产品复杂度较高。单从人工效率来看，A 企业是 B 企业的 5 倍，这直接导致上亿元的利润差异。

【案例分享】产品简化反而增加了营收

某家电企业在新产品和产品复杂度管理方面堪称业界典范。大部分企业即使有规范的退市流程，该流程也主要针对常规产品，对于新产品，它们无论如何都舍不得让其退市。某饮品企业经常拿出之前某产品多次上市、退市后最终"爆红"的案例来推断所有产品都有"爆红"的机会，所以一个产品都不愿意放弃。但是该家电企业不仅使老产品退市，更敢于使新产品退市，甚至为此关闭生产线和车间。一个典型的产品优化案例便发生在其洗衣机事业部，该事业部将洗衣机型号从 400 个压缩到 100 个。这一举动并没有影响企业的销售额和利润，反而成为学习标杆。

7.2 新产品预测及新产品计划

管理产品复杂度是从源头提升新产品预测质量的最佳手段，更是企业实现全局最优的最佳突破点。而新产品管理中，新产品预测是第一大挑战。新产品预测基于产品属性分为升级换代类新产品预测和全新产品预测两大类，企业基于产品上市阶段还可以进行新产品出样预测，同时本节还将分享全生命周期预测法和情景预测法。

7.2.1　升级换代类新产品预测

大部分企业的新产品是基于现有产品的升级换代产品，如成本改进型产品、性能改进型产品和产品线延伸型产品等。此类新产品与老产品的关系表现为两类：一类是完全替代，新产品上市与老产品退市同步进行；还有一类是新产品部分替代老产品，新、老产品并行售卖，如图7-2所示。

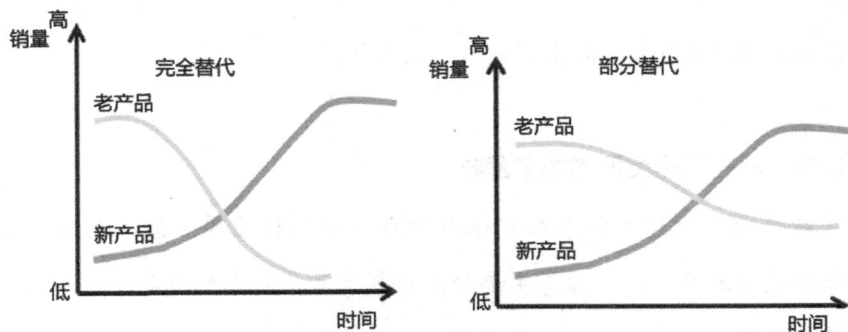

图7-2　新老产品替代关系

1. 管理职能设计

在第3章中，我们对需求计划的职能构成做了充分的阐述，需求计划应该作为一个和采购、财务一样的独立职能，同时这个职能的有效运作还要依赖其他职能的支持，也就是存在着预测支持者。那各部门在升级换代类新产品预测上是如何分工的？在具备完整需求计划职能的企业，该类产品预测由需求计划部门主导，而销售、市场、研发、财务等部门均作为支持部门，特别是销售和市场部门需要直接参与调整，并提供假设前提。但是在没有需求计划管理职能的企业，该类预测工作由销售或市场部门承担。当然，还有一些企业不做新产品预测，或者仅仅对触发的新产品所涉及的新原料进行预测。

2. 管理流程设计

①需求计划部门定义新产品的预测提前期和预测周期：新产品提前多久纳入需求计划管理体系以及预测周期为多长。一般要求新产品提前6个月开始预测，

预测周期应为 6 个月以上。如果新产品涉及产能的扩张或者新的原料供应商，需要设置更长的预测提前期。

②市场部门定义新产品与其他产品的替代关系：完全替代或部分替代。

③市场或销售部门制订详细的新产品上市计划：包括上市时间、价格、门店数等。

④销售部门定义新产品的服务水平和交付优先级：按产品或者按客户定义。

⑤制造部门制定新产品的制造策略：包括库存和生产优先级策略。

⑥需求计划部门基于新产品的替代类型和上市计划编制预测：参考类似产品在类似环境下的销量，再考虑环境差异进行调整，如价格差异、规格差异、促销政策差异等。

⑦需求计划部门在编制需求计划时还需要考虑蚕食效应：对新产品预测和相关的老产品预测同步进行修正，修正必须在同一个界面进行展示和确认。

⑧市场部门、销售部门和需求计划部门确认最终预测：对最终预测达成共识。

⑨管理层对最终预测进行决策：如果市场部门、销售部门、需求计划部门不能就最终预测达成共识，则各自提出证据进行辩论，并提交管理层进行决策，决策者一般为销售总经理。

⑩风险评估：如果需求计划经理认为最终的新产品预测仍有风险，可以请财务部门一起进行风险评估，并提出风险防范预案。

这里要对第 3 步进行说明。一般企业的市场或者销售部门都会编制新产品上市计划，但是不同企业的这个计划在细节和透明度上有着较大的差异。有些企业的计划较为粗糙，并且不能及时与需求计划部门等进行分享，这样就导致需求计划部门无法准确及时提供高质量的预测数据和假设前提的说明。

3. 预测技术应用

尽管新产品没有历史数据，似乎难以使用量化的统计方法，但是升级换代类新产品的重要优势就是可以参考类似产品的历史数据，这一数据在很多预测软件中都可以获得。同时一些定性预测法也被用于升级换代类新产品预测。

①类比分析法

类比分析就是参考类似产品（可以为多个）的历史需求数据，并考虑时间、区域、竞品等因素的差异，量化推断出新产品的销售情况。类比分析法在具体操作时有两种模式。

A. 直接拷贝法

系统选取类似产品一定期间的历史数据作为新产品未来一定期间的需求计划。类似产品可以是多个，可以按一定的权重对各类似产品的历史数据进行组合。

该模式通过指定需参考的产品，基于参考比例和偏移期间，将参考产品的历史数据按规则相加后作为新产品的基准预测，参考比例相加后可以大于1。偏移期间是指新产品预测期间与对应参考产品的历史期间之间相差的期间数，假如偏移期间为12，那就是指新产品预测期间与所参照产品的历史数据所在期间相差12个月。直接拷贝法应用示例如表7-1所示。

表7-1 直接拷贝法应用示例

参考产品	参考比例	偏移期间
A	50%	3
B	40%	5
C	30%	12

B. 替代预测法

替代预测法是指将类似产品历史数据作为新产品的历史数据后，再基于某种预测模型进行预测。一些消费品以及高科技企业，如设备制造企业，经常使用这种方法。

②生命周期法

生命周期法是指对同类产品的历史数据进行分析，拟合出一条具有代表性的曲线作为同类新产品的生命周期轨迹，用于指导同类新产品的预测。这种方法在科技行业和服装行业应用较多。

③主管意见审核法

主管意见审核法主要依赖主管的经验。新产品由于其"新"的方式五花八门，加上在推广期间一定会有相关市场活动的支持，因此，仅靠技术难以准确预测，这时人的经验就非常重要。一位经验丰富的需求计划主管的预测准确性可能会比一个新手高出 20%。

④客户提供预测

工业品企业中应客户要求而开发的新产品，在测试阶段基本上是由客户提供预测的，在需求基本稳定后，企业再对新产品执行常规的预测管理流程。

7.2.2 全新产品预测

全新产品是对现有产品销售不产生任何影响的新产品，如市场拓展型产品、新类型引入型产品和新问世型产品等，与老产品完全没有关系，无任何历史信息可以参考，其生命周期如图 7-3 所示。

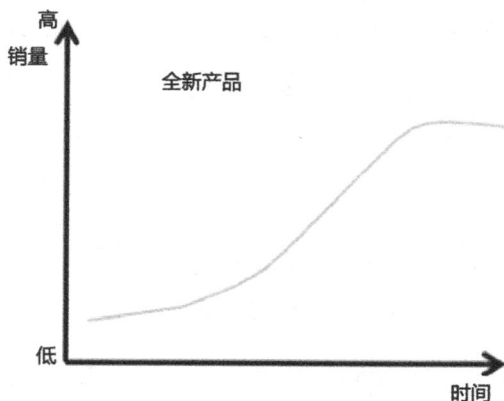

图 7-3 全新产品的生命周期

在一些需求计划管理体系较为成熟的企业中，全新产品的典型预测管理模式如下。

1. 管理职能设计

全新产品的预测难度比升级换代类新产品高很多，其预测时的职能分工与升级换代类新产品在预测时的职能分工也有很大的差异。全新产品的预测过程比升级换代类新产品的预测过程更加复杂。对于全新产品，在进行预测之前，市场部门需要评估其潜在的市场容量，以及本企业可能获得的份额，从而确定本企业对该产品的定位和投入，包括产品策略、制造策略、价格策略和渠道策略等。全新产品预测完全由市场部门负责。

2. 管理流程设计（参考升级换代类新产品）

全新产品的管理流程与升级换代类新产品的管理流程非常类似，此处不再赘述。需要重点强调的是，全新产品的预测提前期更长，一般需要提前 12 个月开始预测，并且预测周期也需要达到 12 个月。如果全新产品涉及产能的扩张或者新的原料供应商，则需要设置更长的预测提前期和预测周期。此外，虽然全新产品与现有产品没有替代关系，但是市场部门需要明确其市场定位、优先级定位以及供应策略。

3. 预测技术应用

尽管全新产品预测在编制流程上与升级换代类新产品预测相似，但是二者在编制技术层面差异较大。全新产品预测没有历史数据可以参考，更多依赖市场调研和定性方法，成本较高。

①基准参考法

基准参考法是指向尼尔森等提供数据服务的企业购买友商数据、调研报告和分析服务，以预测新产品未来可能的市场份额，同时结合对市场上替代品和竞品的分析，以及商业环境、自然环境和政策趋势等来确定新产品未来的增长趋势。

②特征值法

这种预测方法在服装行业中有一定应用。具体做法是，将一款服装分解成不同的关键元素或特征，并基于不同的关键元素或特征对历史数据进行标记。当一款新的服装上市时，同样定义它的关键元素或特征，然后在数据库中找到与之相似的款式的历史需求数据（相似度越高越好），作为新产品预测的参考。

③消费者 / 市场调研法

该方法适用于全新产品，或者将老产品投放到新市场的情形。

使用这种方法时，涉及对消费者和潜在消费者的未来购买计划及他们对各种产品新特点的反应的调查。这对于设计新产品和销量预测具有特殊帮助。使用这种方法很耗费时间并且成本高，这限制了这种方法的应用深度。这种方法在应用上分为概念测试法、产品使用测试法、市场测试法和上市前测试法。目前一些电商平台推出了"上市前模拟测试"，即通过用户的点击、收藏行为来预测新产品的销量。

④德尔菲法（专家意见法）

该方法适用于全新产品，特别是高科技产品和服装。

美国兰德公司于 1964 年首先将该方法用于预测领域。德尔菲法的特点：反馈性、匿名性和统计性。

⑤决策树法

这种方法适用于全新产品。

它利用了概率论的原理，并且利用一种树形图作为分析工具。其基本原理是用决策点代表决策问题，用方案分支代表可供选择的方案，用概率分支代表应用方案后可能出现的各种结果，通过对各种结果的损益值进行比较，为决策者提供决策依据。

7.2.3 新产品出样预测

新产品出样预测仅适用于零售连锁企业和消费品企业的线下渠道，也称铺货预测，其本质上更接近计划，因此下文称新产品出样计划。为何要单独介绍新产品出样计划？因为对于需要线下出样的企业，如果连新产品出样计划都做不准，新产品预测就更不准了，这说明其计划执行是失控的。部分零售连锁企业所生产的产品数量远多于其单店能够陈列展示的数量，因此，产品铺货或者出样与其销售状况有着重要的联系。但遗憾的是，大部分企业不能有效管理其产品出样，其既不知道现在门店推出了什么样品，更不知道未来 3 个月的样品是什么，或者出样计划做了调整后不能第一时间知会需求计划人员。所以，需求管理较好的企业会采用这样一个绩效考核指标：新产品出样计划达成率。当然，对于市场和销售部门而言，新产品的铺货过程千变万化，甚至有时难以人为把控，比如资金不足导致不能提货，装修延误导致不能准时开业，门店管理者自作主张进行铺货产品调整，等等。对于出样计划，企业必须与每家门店逐一确认，落实细节，跟进变化，及时调整，因为出样计划对于后续新产品销售的影响非常大。所以，我们建议通过考核新产品出样计划达成率来推动新产品出样计划执行率的提升。对于线下客户，常见的做法是在新产品上市前 3 个月制订详尽的可由门店落实的铺货计划，上市前 1 个月实施客户门店铺货，通过铺货的情况做出计划，然后跟进新产品上市后 3 个月内铺货计划的实际执行情况，同时记录分析实际的终端消费数据。这样既可以覆盖新产品的上市过程，同时也可以获得较准确的预测结果。一般线下零售门店会备足够销售 3 个月的新产品，这可以给我们足够的时间收集实际的终端消费数据。

7.2.4 全生命周期预测法

全生命周期预测指的是对生命周期较短的产品进行一次性的全周期销售预

测。这类产品的显著特点是其生命周期短于关键原料的采购提前期，有时甚至产品的生命周期与研发周期的总和也短于关键原料的采购提前期。预测新产品本身就充满挑战，尤其是当产品生命周期较短，而关键原料的采购提前期又很长时。如果原料缺货，产品便无法生产出来；而一旦产品生命周期结束，产品及原料价值就会迅速下降。因此，关键原料的采购几乎必须一次性完成，且采购量既不能过多也不能过少，这使得需求计划管理极具挑战性。时尚消费电子和新能源行业都面临这种情况，它们的共性是产品和关键原料的采购与管理具有复杂性。

①竞争激烈：产品同质化。

②产品开发时间长：6~12个月。

③产品生命周期短：6~12个月。

④原料通用性差：库存原料难以被其他产品消化。

⑤产品贬值快：技术更新快，导致库存快速贬值。

大家可以想象，在满足销售需求的过程中，企业必须提前12~24个月采购关键原料，而此时产品可能尚未完成开发。如果关键原料采购不足，由于产品生命周期短，企业很容易错过销售机会，而且无法及时补货。如果关键原料库存过多，一旦销售高峰过去，企业就会面临库存的快速贬值损失，这不仅是因为技术更新迅速，也是因为关键原料的通用性较差。因此，产品的利润率与预测的准确性密切相关，盈亏往往取决于预测准确与否。对于这类产品，企业不应边卖边看，按月更新预测，而应对产品整个生命周期内的销量进行一次性的准确预测。那么，如何预测产品生命周期内的总销量呢？可以参考以下案例。

【案例分享】国内某手机制造商的产品全生命周期总销量预测

预估产品生命周期内的总销量可以采取两个视角，一个是"宏观视角"，另一个是"微观视角"。所谓的"宏观视角"，就是要根据市场的总容量和市场份额来预测，预测所需要的数据包括各种行业指数、竞品销售数据、电商数据、渠道数据等；随后，基于这些数据提取产品特征，并探究产品特征与销量的关系；然后探究品牌指数与销量的关系，价格指数与销量的关系，竞品活动、上市时间与销量的关系；最后，基于新产品的特征、企业的品牌指数、销售价格、上市计划以及竞品市场活动等预估新产品在其全生命周期内的总销量。"微观视角"则更多利用产品历史数据，包括销售数据、价格数据、产品畅销属性等。采用"微观视角"计算出的总销量应与以"宏观视角"计算出的总销量进行相互验证。

7.2.5 情景预测法

我们在升级换代类新产品预测的管理流程设计中提到了新产品上市计划编制这个重要步骤。新产品上市计划包括研发的节点、制造的节点、铺货的节点、开展市场活动的节点等内容，任何一个节点的活动如果不能如期开展，后续节点均会受到影响，甚至可能使新产品错过销售旺季。因此，下面介绍另一种非常有用的新产品预测方法——情景预测法。

做不准新产品预测是一件可预期的事情，关键在于当预测不准时，该如何应对。很多企业在发现实际情况与预测结果存在巨大偏差时束手无策。实际上，它们不是真的没有办法，而是内部各部门意见不一致而难以快速做出决策。比如，制造部门要求停止原料备货，市场和销售部门认为情况很快会好转，大家各执一词，僵持不下，最终导致新产品上市失败。而此时，最重要的就是快速反应、快速决策。因此，制订多套新产品上市计划，并基于不同新产品上市计划的执行进度编制相应的预测数据来支持快速决策，是非常有效的新产品预测方法。该预测方法适用于所有新产品，但管理成本较高，需要相关部门的支持。表7-2所示为某新产品的3套上市计划，而表7-3给出了与之对应的预测数据。

表 7-2 某新产品的上市计划

上市计划	研发节点	试生产节点	量产节点	铺货节点	销售节点	上半年推广预算
A 计划	2014-08	2014-10	2014-12	2015-01	2015-02	500 万元
B 计划	2014-09	2014-11	2015-01	2015-02	2015-03	400 万元
C 计划	2014-10	2014-12	2015-02	2015-03	2015-04	300 万元

表 7-3 某新产品的预测数据

单位：件

上市计划	铺货节点						上半年预测
	2015-01	2015-02	2015-03	2015-04	2015-05	2015-06	
A 计划	5000	1000	1500	2000	1800	1500	12800
B 计划	0	5000	1000	1500	1200	1300	10000
C 计划	0	0	5000	1000	1000	1000	8000

情景预测法能确保在问题出现后快速决策，其核心在于措施都是事前制定的，避免问题出现后部门之间产生争议而延误决策时机。情景预测法在实际应用中非常广泛，能促使各个部门按照可能出现的情况提早做好预案，以及充分知晓可能出现的后果。生产制造部门可以按照自己的反应速度和订单批量的大小决定生产的批数和提前多久生产，减少和避免因为预测不准确带来的库存积压、交付延迟或缺货等问题。

7.3 新产品计划的执行比预测更加重要

新产品计划的执行不仅涉及前端上市计划的执行，也包括后端供应计划的执行，对前后端协同的要求高于常规产品。特别是新产品上市往往伴随一系列的政策活动，后端的交付节奏也会影响最终的执行结果。

1. 前端的执行问题

在实际业务中，新产品预测不准往往不是预测本身的问题，更主要的是新产品计划的问题。新产品计划是为推动新产品上市而采取的一系列措施。新产品上市一般都伴随着一系列的市场宣传、铺货 / 出样、买赠、打折等活动。但不能按时出样，或者不能按计划严格确保出样数量，是新产品上市过程中普遍存在的问题。如果这些活动没有执行到位，就会对后续新产品的销售产生重大影响。所以，新产品的销售不仅依赖预测，更依赖执行。在评估预测准确性的同时，企业必须评估执行计划的准确性。可参照以下问题进行评估。

①实际铺货店数和数量与计划铺货店数和数量是否有差异？

②是否按计划要求铺货？店内促销是否按照计划推进？产出效率如何？

③第一批消费者对新产品的价格、功能、购买体验有何反馈？

2. 后端的执行问题

除了确保前端的执行到位外，还需要关注新产品计划在后端的执行力度。在后端，工艺过于复杂、原料质量不稳定、产品质量波动或产能不足都可能影响交付。此外，新产品计划在后端执行中还存在其他问题：工艺限制导致成品生产批量过大，引起产品积压；供应商限制使得原料采购批量过大，导致原料积压；新产品工艺复杂，占用产能，影响常规产品的交付；等等。因此，在新产品开发期间，后端的生产部门、采购部门及供应商如果不能实现有效的协同合作，一旦进入新产品量产阶段，问题将层出不穷。这些问题非前端预测所能覆盖，是后端执行中会面临的，最终会影响预测的准确性。可参照以下问题进行评估。

①是否用到新原料？新原料的供应问题是否解决？新原料的质量是否稳定？

②新原料的采购批量与生产批量是否匹配？新原料的生产批量与销售需求是否匹配？

③是否用到新工艺？目前的产能是否可以支撑新产品量产？是否需要委外？

④对于新产品与老产品的切换是否做了预案？相关老产品的生产是否受到影响？

7.4　新产品预测策略比新产品预测、新产品计划及其执行更重要

前面我们要求大家进行产品管理，然后和大家分享了几种新产品预测方法，并且提醒大家，新产品预测不准往往不只是预测的问题，也可能是新产品计划的问题，还可能是新产品计划执行的问题。下面则要告诉大家，有一件事情比新产品预测和新产品计划及其执行更加重要——新产品预测策略。

1. 新产品的使命

新产品往往承载着不同的使命：有些是为了展示技术能力，有些是为了探索未来战略，有些则仅为增加产品线的宽度，作为对核心产品的补充。这些产品通常不承担创收任务。在这种情况下，是否仍需坚持完美交付值得商榷。因为完美交付的成本很高，而且这类产品可能不需要完美交付，缺货有时是必需的。但对于那些旨在阻击竞争对手的新产品，你无须担心库存风险，而应不惜一切成本抢占市场，库存成本即是你的营销投入。同时，有些新产品既有收入目标也有利润目标，这时首先要考虑的不是如何预测，而是如何制定预测策略：如何平衡交付率和库存风险？倾向于完美交付则需承担慢动销风险，这时应鼓励高预测；倾向于控制库存风险则需接受可能的缺货，这时应鼓励低预测。需要二者兼顾？那就应遵循最佳实践，形成必要的组织、流程和方法论，使用合适的系统工具，投入管理成本，建立严谨的管理体系。因此，在你还没有能力或不愿投入资源建立这一复杂体系之前，你需要明确做什么和不做什么。这就是供应链管理中技术含量最高的能力之一——权衡。

2. 如何选择合适的新产品预测策略

如果你处于一个高利润行业，但你的品牌力尚未强到可以让你忽视竞争对手，且产品生命周期较短（如时尚消费品），则应尽量采用高预测策略，抓住短暂的销售机会，并接受一定的库存风险。若你所在行业利润较高且竞争激烈，产

品生命周期也短，同样需要采用高预测策略以提高交付率。但在产能充足的情况下，应尽可能将库存压在原料端，适当牺牲生产和物流成本（小批量生产），以避免过高的成品库存风险。对于大众消费品企业，应放弃追求高交付率，适当控制库存风险，因为其利润空间不足以承担此风险。因此，大众消费品企业在进行新产品预测时应保守一些，因为这可能意外地实现饥饿营销，带来意想不到的市场效果。虽然大家认为大众消费品的品牌忠诚度低，一旦缺货，它就可能被竞品替代，但更可能的情况是它被自家的其他产品替代。由于品牌忠诚度低，这种替代经常发生，因此对于新产品的缺货不必过度担心。对于 AB 类产品，大众消费品企业仍应采用高预测策略。确定新产品预测策略后，企业再考虑使用何种技术或工具来提高预测准确性。

3. 做预测也要先抓住主要矛盾

人们是否都需要为新产品预测做不准而焦虑？如果你纵观整个产品线，看看各类产品的交付表现、贡献的收入、正常库存和慢动库存等，你会发现新产品和 C 类产品都不是核心挑战，真正值得关注的是 B 类产品，即那些销售收入占总销售收入 15% 以上的产品。它们既是贡献收入的主力军，也是慢动库存的主要贡献者。正如前文所述，大部分新产品不是用来创造收入的，也不是慢动库存的主要贡献者，毕竟它们在整个产品线中的占比非常低。因此，当我们放眼全局，可能会发现真正的挑战在于 B 类产品。所以，当我们在为新产品预测而痛苦时，理应已经解决 B 类和 C 类产品带来的麻烦。所以，如果企业还没有解决 B 类、C 类产品带来的麻烦，那新产品预测就是小事，不要因为树木而不见森林。

7.5　总结：既要管理上市，也要管理退市

本章主要介绍了新产品预测管理与老产品退市管理。在讨论新产品预测之前，本章首先强调了产品管理的重要性及其方法。新产品预测分为升级换代类产品预测和全新产品预测两大类，分别从管理职能设计、管理流程设计及预测技术

应用 3 个维度进行详细阐述。对于退市产品，本章重点讨论了退出过程管理和各部门的责任，指出许多企业常忽略退出过程的复杂性和严谨性。我们希望大家更关注新产品计划的执行及新产品的使命和新产品预测策略，强调并非所有新产品都必须避免缺货。最后，本章强调新产品预测很重要，但做好常规产品预测更为关键。大多数企业应先确保常规产品预测的准确性，再提升新产品预测能力。只有真正以创新为导向的企业，才需特别重视新产品预测。

第**8**章

如何应对促销预测管理
的挑战

　　促销预测是需求计划管理中的第二个难点，但大部分企业其实没有独立的促销预测机制，其促销预测是与其他预测合并编制的。因此，能够形成独立的促销预测机制，意味着企业的需求计划管理能力已经迈上了一个新台阶——基准预测能力已经建立。本章的假设前提是需求计划部门独立于销售部门，我们会在这一重要假设前提下阐述需求计划部门如何有效地进行促销预测。另外，我们还要强调，促销预测管理从其本质而言应该称为"事件预测管理"，其目的是避免重现的需求异常值对未来需求预估形成错误引导。所以，这种预测管理不仅限于促销事件，也包括所有影响销售的异常事件，如一些突发的灾难事件、政策调整等。基于上述假设前提，如果需求计划部门将其经验和判断反馈给销售部门，则能够使促销预测更加高效和智能。

8.1　基于不同视角的促销分类

促销主要发生在消费品领域，但在工业品领域也存在渠道促销的现象。要编制促销预测，首先要理清促销模式。随着当前市场供求关系的反转，"不促不动"已经成为众多商家的切身感受。那所有促销都需要特殊处理吗？或者，我们需要对哪类促销做特殊处理呢？

1. 在供应链弹性承受范围之内的促销与在供应链弹性承受范围之外的促销

在消费品企业与工业品企业中，供应链本身具有一定的弹性，如库存弹性、生产弹性等。这些弹性用于吸收需求波动。若需求波动未超过供应链弹性承受范围，则无须立即调整执行期内的供应计划，也无须在需求计划层面对促销活动进行特殊处理。但若需求波动超出供应链弹性承受范围，不仅需进行增量或分流预测，还需对历史数据进行处理。因此，对于在供应链弹性承受范围内的促销，如常态化折扣销售，无须进行增量预测和历史数据修正。这一点至关重要，类似于用最小的力撬动地球。几年前，随着大数据技术的广泛应用，许多企业过度依赖客户协同预测，对所有促销事件都采用算法和机器学习法预测，这实际上是在小题大做。常态化折扣已成为基线的一部分，客户间此消彼长，互相竞争。即使促销的形式和机制略有变化，其核心也还是折扣率的问题，采用高层级的基准预测能够事半功倍。

2. 常规力度及周期性促销与非常规力度及非周期性促销（包括特殊事件影响）

对于超出供应链弹性承受范围的促销事件，是否一定要进行历史数据处理和增量预测？并非总是如此。如果是力度稳定且周期性的促销事件，即在未来可规律重现的促销事件，无须做特殊处理，如季节性及年底"冲指标"活动。如果是力度差异大或非周期性的促销事件，则需进行历史数据处理和增量或分流预测，如连锁大超市的周年店庆、"双十一"、"6·18"及各种节日（妇女节、父亲节、母亲节）促销活动。这类事件需要单独进行增量或分流预测，即使增量有限，由于促销机制或品类会发生变化，所以也需在 SKU 层面进行预测调整。

3. 集中管理的促销与分散管理的促销

从促销的管理角度而言，促销可以分为集中管理的促销和分散管理的促销。分散管理对促销预测影响颇大，因为这意味着总部将促销权力下放至渠道或终端，预测人员难以获取具体的促销计划，从而难以对促销预测进行控制。促销预测只有当促销活动被集中管理时才能单独被考虑，并避免"以偏概全""只见树木，不见森林"。而当促销被分散管理时，促销影响只能作为随机事件，并且渠道或终端之间存在的蚕食效应也会趋于平稳。

4. 终端促销与渠道促销

终端促销与渠道促销是根据促销对象的不同做的区分，两者往往在消费品企业中并存。终端促销往往会带来市场的销量增长，渠道促销则主要用于驱动经销商囤货，造成的需求波动更大，且更难掌控。渠道促销往往能直接提升企业的销售业绩，从而更加受销售部门青睐。但从长远利益来看，终端促销才是真正的促销。从促销预测管理角度而言，如果能够获取通路库存，则只关注终端促销；如果不能获取通路库存，则只关注渠道促销。

8.2　哪些历史数据需要清洗

1. 确定哪些促销事件需要被修正

罗列众多促销类型是为了帮助你清洗历史数据。对于这些促销类型，哪些可以视作季节性因素而无须做额外调整？哪些需要做数据清理或者开始做记录标识？哪些需要独立考虑？哪些不需要分离考虑？需要分离考虑的促销事件有哪些？这些问题都涉及领先实践企业经常说到的采用事件预测法时的数据处理方式。从业务视角理解，最终的预测结果是一系列相互独立或者相互关联的事件的综合影响，如果要解释最终的预测结果，必须对这些事件对预测的影响进行分离，但是前提是要对历史数据按事件进行分离和清洗。图 8-1 介绍了两种不同的促销数据清洗方法：一种是相对粗放的模式，仅仅做了基线需求和增量的区分；另一种则是相对精细化的模式，对增量部分做了细分。在实际的业务场景中，数据清洗过程可能更加复杂，这也是我们说事件预测法的应用成本极高的原因。

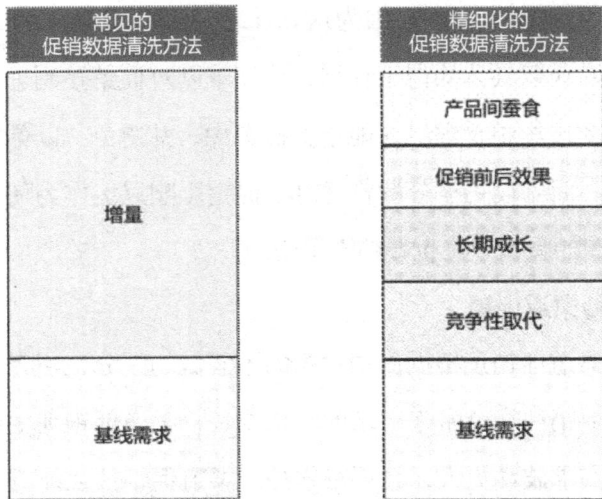

图 8-1　两种不同的促销数据清洗方法

2. 修正事件发生的当期数据是不够的，还要修正因为提前购买而受到影响的后 N 期数据

在促销预测管理中，不仅需要细分促销类型，还要考虑提前购买的影响。不同产品的提前购买产生的后续影响也是不同的，并且均将影响后续 N 期的销量，所以有些企业会做连续 N 期的促销增减量调整。

3. 仅仅修正促销产品的数据是不够的，还需要修正被蚕食的同类产品的数据

促销的蚕食效应是指当促销 A 产品时，与之类似的 B 产品的销量会受到影响。促销的蚕食效应在很多行业是非常明显的，比如餐饮行业、消费品行业等。很多企业总是处于一种误区：认为自家产品在进行促销时不会受到蚕食效应的影响，只有竞品会受到影响。但实际情况是，自家产品也会受影响。在编制产品的促销预测的同时，企业必须对相关产品的销量进行调整。当然，还存在一种与蚕食相反的情况，就是相互促进，这被称为光环效应。比如火锅菜品的促销会推动客户购买火锅调料。对于蚕食效应，一般从 3 个维度来分析：产品之间的影响、时间维度的影响、同一地理范围内不同商家之间的影响。在过去十几年间，由于电商的迅速发展，还出现了线上客户与线下客户之间的影响这个分析维度。

8.3 如何编制独立的促销预测

数据清洗是一项考验体力和技术的任务，没有数据清洗就没有基准预测，没有基准预测就没有独立的促销预测。

尽管数据清洗任务主要由需求计划部门承担，但是数据清洗的结果还需要销售和市场部门确认，因为数据清洗的核心目的就是编制基准预测和独立的促销预测。编制基准预测是需求计划部门的职责，但是基于基准预测编制促销预测的责任则不再完全由需求计划部门承担。编制独立的促销预测大致有 3 种方式。

①由销售和市场部门主导编制：它们基于促销预算制订促销计划、销售政策，并据此编制促销预测，但是前提是它们和需求计划部门就基准预测达成一致。

②由需求计划部门主导编制：销售和市场部门提前分享促销计划和销售政策，需求计划部门将其转化为促销预测。这种由需求计划部门负责编制促销预测的模式目前比较盛行，但是其面临的主要挑战在于销售部门无法提前分享促销计划和销售政策。

③与客户进行协同预测：这种模式对客户比较集中，并且要求高交付率的业务场景尤为适用。

8.4　提高安全库存水平成为促销预测的托底方案

在进行促销预测管理时，企业会面对众多促销类型，需辨别哪些历史数据需要调整。调整不仅限于单一期次或某一款产品，可能涉及多期次和多款产品。此外，企业还需决定使用何种技术进行调整，确定调整的层级，以及如何分解和记录原因，并进行分析，甚至可能面临信息壁垒的问题。因此，为了简化复杂问题，除非是面对不同的产品或特别重大的促销活动，否则许多企业通常采取的解决方案是持续提高安全库存水平。除此之外，还有两种选择：一种是不提前公布促销计划便不备货，利用缺货迫使销售和市场部门改善促销管理；另一种是后端不预判前端的促销行为，也不迫使前端改变，而是主动与前端共享信息。例如：告知前端能在短期内支持哪些产品的大规模促销；对哪些产品的支持能力有限；哪些产品存在产能瓶颈，不能进行大规模促销；等等。通过这种方式，后端每月提供产品和产能的动态一览表，就为前端销售和市场部门提供了决策参考。

由于促销的单品通常是高流量的，因此提高安全库存水平，利用库存来应对预测的复杂性，是一个简单有效的解决方案。然而，预测的目的不仅是确保高效履约，更重要的是实现销量增长。因此，建议对不同的促销方式进行分类、标记，以找到最佳的促销策略（包括促销何种产品，采用何种促销机制和手段，在何时何地促销，促销幅度如何，等等）。

我们再次强调提前分享促销计划的重要性。如果销售部门不能提前分享促销计划且对缺货非常敏感，后端只能长期维持高库存以防意外，我们将这种库存称为安全库存。在信息不透明的情况下，我们只能依靠安全库存来应对促销，这种做法成本极高，伴随着慢动销引发的报废风险，且仍无法保证高交付率。如果销售部门能提前分享促销计划，后端则可以用周转库存应对促销，这不仅能提高交付率，还能大幅降低成本，只需用安全库存覆盖可能出现的预测偏差部分。

【案例分享】电商渠道的大促预测

　　某公司需求计划团队和销售团队在大促前会确定大促的销售目标（基础量和挑战量），并商议一个备货深度。备货深度是按照销售指标的预判达成情况、生产部门和供应链的反应速度和弹性，以及商家的关仓时间（一般在天猫或京东大促期间，为保证快速发货，都会有一段时间的关仓时间）来确定的备货量。

　　电商大促集合了多种业务形态和多种促销方式，有些企业会利用大促推出和"引爆"新品，所以电商大促也包含新品预测的部分。一般大促的预测工作会提前3个月开始，从打磨商业计划着手。做大促预测的不二法宝是拆分法（同事件预测法），即对不同品类和促销方式进行拆解和归类。大促预测首先关注的是产品，包括"爆品"、"次爆品"和新品，其次关注的是"坑位"（促销方式），比如聚划算、百亿补贴，还有从前几年开始很火的直播。对于每种不同的"坑位"，企业都可以按照事件管理和分析的方式进行数据收集，提取特征变量，对历史数据进行标注、清洗，并利用算法进行建模和迭代验证。图8-2所示为电商促销预测五步法。

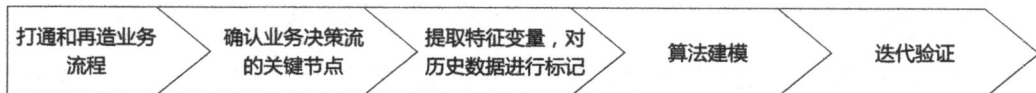

| 打通和再造业务流程 | 确认业务决策流的关键节点 | 提取特征变量，对历史数据进行标记 | 算法建模 | 迭代验证 |

图8-2 电商促销预测五步法

8.5 直播（或"爆品"）供应链是个伪命题

　　一谈到直播，消费者往往感到兴奋，而供应链则感到紧张。你知道大促期间第一天的直播销量占整个大促期间销量的比例吗？你知道一场直播最多能卖出多少产品吗？你知道从晚上6点预热到晚上8点开播，再到凌晨下播，哪个时间段的销量最高吗？你知道新项目SKU首次直播时最多能卖出多少吗？了解了这些问题的答案后，你可能会松一口气，意识到直播也不过是一种促销手段，上面提到的电商促销预测五步法在直播中完全适用。

该方法的第一步是打通和再造业务流程。在这一过程中，我们需要明确直播的商业计划涉及哪些部门、计划的制订周期、计划的细致程度、最终的决策者以及需要考虑的因素。此外，我们还需确定初步计划是什么时候，"80/20"确定是什么时候，最终计划的锁定时间。这些时间节点非常重要，需要与供应链的反应时间协同。第二步是确认业务决策流的关键节点。第三步则是提取特征变量，对历史数据进行标记。这一步虽然耗时耗力，但至关重要。为了研究直播这一业态，我们需要将直播视为新闻，了解影响消费者需求的因素。在这个过程中，我们需要保持模糊但准确的感性认识，因为模糊的准确比精确的错误更有价值。这种感性认识可以帮助我们确定几个主要的标记方向，如主播特点、观看人数、直播日期和时间段、是否进行了返场直播、当天直播主题、产品与主题的契合度、相似产品的数量和展示间隔、产品特点、主播话术、现场小样等。对所有历史直播数据进行标记后，第四步是基于整个数据地图进行算法建模，通过模型找到相关系数最高的因子。第五步是迭代验证，找出异常，调整因子，提高模型精度。

直播会带来需求量激增和不确定性。有效的应对方法是进行场景化预测，区分和识别哪些因素是恒定的，哪些因素是变动的，哪些因素是可控的，哪些因素是不可控的，哪些因素之间的相关性大。特别要警惕的是汇总式预测，这会放大不可控和变动的因素。说到底，不可控也是因为对新兴事物的认知存在局限。本质上，直播是一种新的、可能更为极端的促销方式，与过去流行的"秒杀"促销方式大致相同。即使具体情况难以预测，我们仍然可以通过解码的思维来识别其中的变化与不变、可控与不可控，并聚焦于 3W1H（When, Where, Which SKU, and How Much）。

最后，我们要强调此类极端促销场景的定位：有的是为了创收，因此自然是卖得越多越好；有的是为了宣传，能扩大产品影响力即可；有的是为了处理库存，库存售罄，直播便截止。促销场景的定位决定了后端的供应策略，也为其需要的活动定下了基本的规则。所以，我们不需要量身定制所谓的直播（或"爆品"）供应链，因为直播需要的最基本的供应链需求核心规则是不变的。

8.6 总结：不是每家企业都有管理促销预测的资格

专业化的促销预测管理主要适用于已设立专业化的需求计划管理团队的企业。如果你的企业尚未建立专业的需求计划管理团队，甚至连基准预测的管理体系都没有，更不用提实施促销预测了。已建立了需求计划管理团队的企业，需要打破需求计划部门与销售及市场部门间的信息壁垒，建立信息共享渠道。这不仅需要需求计划部门的努力，更需要企业管理层从上至下地推动，尤其要在绩效牵引和信任建立方面付出努力，这是最难突破的软性障碍。

如果企业不能主动推动促销预测管理的专业化进程，供应链部门可以采取反向策略来促进促销预测的改善，例如降低库存水平和延长生产计划的冻结期。如果供应链部门缺乏这种决策魄力，可以借助外部力量：一是借助财务部门对降低库存水平的要求，二是借助对生产成本的管控需求，三是借助销售部门对提升产品新鲜度的需求。虽然"库存是万恶之源"的说法可能过于绝对，但高库存确实掩盖了许多问题，使企业失去了暴露和解决问题的机会。因此，我们希望供应链部门不单是通过提高安全库存水平来应对促销，而是通过推动或倒逼信息共享、利用周转库存来应对促销。当然，无论采取哪种方式，我们都不能追求无意义的100%的交付率，因为承担"不缺货"的成本是我们无法承受的！

第 9 章

预测不是为了衡量准确性，而是为了衡量偏差

准确性无法反映方向变化，无法反映幅度变化，无法反映幅度的波动性，更无法反映离散度等重要信息，但偏差评估却可以揭示这些信息。所以，专业的需求计划管理者更多且更倾向于使用"偏差"这一概念。

9.1　如何选择预测偏差计算的偏移期

在进一步探讨如何计算预测偏差之前，我们要首先确定两个计算前提，其中一个就是偏移期。什么叫偏移期？很多专业的需求计划经理会告诉你，他们是按 M-2 计算预测偏差的。何为 M-2？无论计算何种预测偏差，都需要有一个实际值和一个预测值。实际值只能有一个，但预测值却可以有 N 个。如果做 6 个月的滚动预测，则每个月的预测需要被刷新 6 次，如表 9-1 所示。

表 9-1　不同期间的预测值

编制日期	1 月	2 月	3 月	4 月	5 月	6 月	7 月	8 月	9 月	10 月	11 月
12 月编制	1000	1100	1300	1100	1450	1380					
1 月编制		1240	1100	1300	1100	1450	1380				
2 月编制			1300	1100	1450	1240	1100	1300			
3 月编制				1000	1100	1100	1100	1450	1240		
4 月编制					890	1020	1230	1300	1300	1400	
5 月编制						950	1100	1300	1200	1400	1450

这样的话，当你要计算 6 月的预测准确性时，你会面临一个选择：是用去年 12 月编制的 6 月预测值 1380（M-6），还是用 5 月编制的 6 月预测值 950（M-1）？当然，一般预测时间与实际时间越接近，预测准确性越高，如果当月还可以更新预测，预测准确性将接近 100%，但这有意义吗？没有。那用哪个月的预测值有意义呢？这主要取决于你做预测的最终目的是什么。做预测的目的似乎又是一个大话题，但我们这里从狭义的角度来谈一下。大部分企业进行预测的最重要目的是驱动长周期原料采购，所以你要基于"长周期原料采购前置期 + 生产前置期"来确定使用哪个月的预测值更加有意义。当然，还有人认为要考虑物流前置期（如果有分销中心，这确实可以考虑）。在目前大部分企业的实践中，3 个月的前置期是比较常见的。因此，M-3 是较为合理的偏移期。但是为何很多企业倾

向于选择 M-1 的预测值呢？这主要与心理压力或者习惯有关，一些人担心 M-3 的预测偏差过大，不理解预测编制难度的人容易对需求计划人员产生误解。也有企业基于 M-1（1 个月前）、M-2（2 个月前）、M-3（3 个月前）的预测值进行赋权重组。个人认为，这种方法较复杂且意义不大。所以，当有两家企业告诉你它们的产品预测偏差都为 30% 时，如果一家给的是基于 M-1 的预测值，另一家给的是基于 M-3 的预测值，那它们的差距不是一丁点。

9.2　如何选择预测偏差计算的层级

对于预测偏差计算，除了前面说的偏移期这个前提，还有另一个重要的计算前提就是层级。首先要说明预测编制的维度，以及每个维度上的层级结构。从实际业务场景来看，一般有 5 个维度，包括产品、工厂组织、销售组织、物流组织以及时间。每个维度还有其特定的层级，比如产品有大类、小类和单品（SKU），销售组织有大区和分公司，物流组织有区域配送中心（Regional Distribution Center，RDC）、DC，而时间维度有季度、月和周。所有维度都有 N 个层级，不同维度、不同层级的组合可以生成很多计算层级组合（Characteristic Variance Combination，CVC）。比如，可以按产品大类计算偏差，也可以按产品小类计算偏差。基于不同计算层级组合得到的预测偏差，其意义是完全不同的。有的企业声称其预测偏差只有 5%，因为其是在高层级上计算的，这实际上不是预测偏差，而是目标偏差。和偏移期的选择一样，什么样的层级是有意义的呢？从狭义角度来看，能够直接指导生产、采购和补货（供应链活动）的层级才是有意义的，例如，按 SKU/ 工厂 /M-1/ 月可以指导生产，按 SKU/ 工厂 /M-3/ 月可以指导长周期物料采购，按 SKU/DC/M-1/ 周可以指导补货计划。所以，凡是对后端供应体系有具体指导意义的层级就是预测偏差计算需要选择的层级。

9.3 理解和选择预测偏差的计算方法

市场上有很多的专业书籍介绍预测偏差的计算方法，本书仅从应用角度做阐述，而不对计算公式本身做深入解读。

1. 平均绝对百分比偏差

平均绝对百分比偏差（Mean Absolute Percentage Error，MAPE）是应用最为广泛的预测偏差指标，其计算公式如下：

$$\text{MAPE} = \frac{1}{n} \sum_{t=1}^{n} \frac{|F(t) - A(t)|}{A(t)}$$

$A(t)$ 表示期间 t 的实际值，$F(t)$ 表示期间 t 的预测值，n 是整个预测期内的期间数。该公式用于确定幅度波动百分比偏差。在 MAD 相同的情况下，MAPE 用于比较两个或两个以上销售基数不一样的产品的偏差，但无法衡量偏差方向。

2. 平均百分比偏差

有比 MAPE 更加重要的预测偏差指标吗？有，但目前只有不到 15% 的企业在使用该预测偏差指标，即平均百分比偏差（Mean Percentage Error，MPE）。其计算公式与 MAPE 几乎一样，只是没有绝对值财务。这种偏差也被称为偏见。什么叫偏见？就是持续地犯同样的错误。如果你的预测存在某个方向上的持续偏差，比如预测值一直比实际值高或一直比实际值低，我们就认为相应的预测方法存在偏见，这可能是选择了不合适的模型、绩效牵引不当（比如过度强调超卖奖励）、人的个性（比如过于保守）等导致的，总之是方法论出了问题。揭示这种持续偏差的就是系统偏差。MPE 的计算公式如下：

$$\text{MPE} = \frac{1}{n} \sum_{t=1}^{n} \frac{F(t) - A(t)}{A(t)}$$

3. 偏差合计

偏差合计（Error Total，ET）和 MPE 都是用于揭示偏差方向的，但不同点是，MPE 以百分比显示，而 ET 以数值显示。在实际应用中，ET 独立使用的情况较少。ET 的计算公式如下：

$$ET = \sum_{t=1}^{n}(F(t) - A(t))$$

4. 平均绝对偏差

MAD 也是大家非常熟悉的指标之一，能很直观地揭示预测值和实际值的绝对偏差幅度。很多企业将它作为制定安全库存的参考值。MAD 的计算公式如下：

$$MAD = \frac{1}{n}\sum_{t=1}^{n}|F(t) - A(t)|$$

5. 均方误差

均方误差（Mean-square Error，MSE）是平方差，衡量波动剧烈程度的偏差，而 MAD 只衡量波动幅度的偏差。也就是说，MSE 是用于区分均衡波动与不均衡波动的。对于一个预测而言，理想的情况是波动尽量均衡。MSE 的计算公式如下：

$$MSE = \frac{1}{n}\sum_{t=1}^{n}(F(t) - A(t))^2$$

6. 均方根偏差

均方根偏差（Root Mean Squared Error，RMSE）是用于揭示波动的离散度的。在安全库存管理领域，RMSE 与提前期相结合可用于计算安全库存。RMSE 的计算公式如下（其中 A 为 $A(t)$ 的均值）：

$$RMSE = \sqrt{MSE} = \sqrt{\frac{\sum_{t=1}^{n}(A(t) - A)^2}{n-1}}$$

7. 跟踪信号

前面的指标分为两大类：一类揭示偏差幅度，如 MAPE、MAD、MSE、RMSE 等；一类揭示偏差方向，如 ET、MPE（BIAS）等。那是否有一种指标可以同时揭示偏差幅度和偏差方向呢？有，它就是跟踪信号（Tracking Signal，TS），这个指标的计算同时借助了 ET 和 MAD。一般认为这个指标的最佳取值

范围在 ±3 之间。这个指标常被企业忽视，但它是一个非常具有综合性的指标，是专业人员判断统计偏差的第一优先级指标。据了解，杜邦公司不仅计算这个指标，并且定义其范围不能超过 ±4。TS 的计算公式如下：

$$TS=ET-MAD$$

8. 了解预测偏差的计算期间要求

计算上述所有指标时，计算的都是 N 个期间的平均值，也就是需要选择一个计算期间 N。那一般计算前 3 个月的平均值还是计算前 6 个月的平均值？从企业实践来看，一般统计偏差的计算期间不建议超过 6 个月，特别在是目前商业环境变化较快的情况下，但计算期间也不能短于 3 个月。

9. 统计偏差应用说明总结

① MAPE：用于确定偏差幅度，但无法确定偏差方向，以百分比显示，应用较广。

② MAD：用于确定偏差幅度，比较直观，可用于确定安全库存，应用较广。

③ MSE：用于确定偏差幅度，由于会放大较大偏差，所以建议与其他指标联合使用。

④ RMSE：用于计算偏差幅度，可衡量偏差离散度，与提前期以及服务水平结合可计算安全库存。

⑤ TS：不仅用于确定偏差方向，还用于确定偏差幅度，推荐上、下限值分别为 3、−3。

⑥ ET：用于确定偏差方向，但无法确定偏差幅度，不建议独立使用。

⑦ MPE（BIAS）：用于确定偏差方向，但无法确定偏差幅度，以百分比显示，不建议独立使用。

9.4　统计偏差计算中的中值现象

使用预测准确性来衡量预测质量时，我们会遇到一个比较奇特的中值现象，即当预测值 $F=100$，实际值 $A=50$ 时，预测准确性 $[1-|F-A|\div A]=0$。大家或许很难接受预测准确性为 0。但是从预测偏差 r 视角来看，预测偏差 $[|F-A|\div A]\times100\%=100\%$ 是完全可以解释的。当然，有需求计划经理认为使用预测准确性来衡量预测质量可能不公平，但是这个"不公平"的规则对谁都是一样的，所以这也是一种公平。这个示例再次解释了为何建议使用预测偏差而非使用预测准确性来衡量预测质量。

9.5　如何计算一组产品的预测偏差

对于一个产品，我们可以使用 MAPE（MPE）来计算其预测偏差。当面对一组产品时，如何计算出整体的预测偏差呢？逐一计算每个产品的 MAPE（MPE），再取平均值？这是一种做法。在这里我们要和大家分享在实际业务中常用的预测偏差计算公式。因为在实际业务中我们往往需要对 t 个产品计算一个总的预测偏差，那我们就需要引入 Weighted MAPE（WMAPE）/Weighted MPE（WMPE）这种统计方法。

1. 基于权重的预测偏差计算

$$\text{WMAPE}=\frac{|F_1-A_1|}{A_1}\cdot\frac{A_1}{A}+\frac{|F_2-A_2|}{A_2}\cdot\frac{A_2}{A}+\cdots+\frac{|F_t-A_t|}{A_t}\cdot\frac{A_t}{A}=\frac{\sum|F_t-A_t|}{A}$$

$$\text{WMPE}=\frac{F_1-A_1}{A_1}\cdot\frac{A_1}{A}+\frac{F_2-A_2}{A_2}\cdot\frac{A_2}{A}+\cdots+\frac{F_t-A_t}{A_t}\cdot\frac{A_t}{A}=\frac{\sum(F_t-A_t)}{A}$$

A_t 为 t 个产品的实际值，F_t 为 t 个产品的预测值，A 为 $1\sim t$ 个产品的实际值 A_t 的总和。

很多人在看到公式 $\sum|F_t-A_t|/A$ 时，都认为这个公式没有考虑权重，其实这个公式是考虑了权重的，它是基于前面的公式 $|F_1-A_1|/A_1\times A_1/A+|F_2-A_2|/$

$A_2 \times A_2/A + \cdots + |F_t - A_t|/A_t \times A_t/A$ 推导出来的。所以，在计算 WMAPE（WMPE）时就存在计算公式的选择，有人使用原始公式进行计算，但在需求计划领域，大家都使用 $\sum |F_t - A_t|/A$ 进行计算。

公式中的实际值和预测值如何取数？这取决于我们前面提到的两个计算前提：偏移期和层级。偏移期可以为 M-1，也可以为 M-3，最终如何选择基于企业的制造提前期。一般按 SKU 层级进行计算的情况最多。

【示例】预测偏差计算

表 9-2 所示为销售员小张管理的 6 个产品的部分情况。领导需要评估小张 5 月的预测偏差。按企业规定，必须按 SKU 单品进行考核。那如何帮助小张计算 5 月的预测偏差？6 个产品的销量差异很大，如果简单平均各产品的预测偏差，则势必要求小张对所有产品预测准确。本案例为了计算简单，只设置了 6 个产品，而现实中可能有上百个产品，所以为了更合理地计算偏差，我们一般采用权重法，这种方法聚焦于销量大或价值大的产品。

表 9-2　销售员小张管理的 6 个产品的部分情况

产品代码	产品成本/美元	5 月预测销量/件			5 月实际销量/件
		2 月编制/件	3 月编制/件	4 月编制/件	
001	10	15000	15000	12000	10000
002	10	30000	25000	25000	20000
003	50	1800	1600	1600	1500
004	50	3000	20000	2400	2000
005	100	800	700	800	1000
006	100	800	1000	1000	1200

①基于前面的公式，如果选择 M-3 作为偏移期，则取 2 月编制的预测数据，

计算结果如下：

$$WMAPE = \sum |F_t - A_t| / A \times 100\% = 47\%$$

$$WMPE = \sum (F_t - A_t) / A \times 100\% = -97\%$$

②基于上述公式，如果选择 M-1 作为偏移期，则取 4 月编制的预测数据，计算结果如下：

$$WMAPE = \sum |F_t - A_t| / A \times 100\% = 22\%$$

$$WMPE = \sum (F_t - A_t) / A \times 100\% = -20\%$$

但是上述公式仅仅考虑了数量的权重，没有考虑金额的权重。如果要求同时考虑数量和金额的权重呢？也就是不仅要对销量大的产品预测准确，也要关注成本高的产品的预测准确性。其计算公式如下：

$$WMAPE = \frac{\sum |F_t \cdot C_t - A_t \cdot C_t|}{\sum A_t \cdot C_t}$$

这里，C_t 为 t 期成本值。

③基于上述公式，如果选择 M-1 作为偏移期，则取 4 月编制的预测数据，计算结果如下：

$$WMAPE = \frac{\sum |F_t \cdot C_t - A_t \cdot C_t|}{\sum A_t \cdot C_t} = 19\%$$

$$WMPE = \frac{\sum (F_t \cdot C_t - A_t \cdot C_t)}{\sum A_t \cdot C_t} = -8\%$$

这种计算方式在一些需求管理水平领先的外资企业中受到追捧，因为它也是一种价值链理念的体现。从价值角度而言，我们不仅要关注数量大的产品，而且要关注价值高的产品。

2. 计算 WMAPE（WMPE）时分母不一定要使用实际值

上述公式在计算预测偏差时使用了实际值 A 做分母，在美国生产与库存管理协会出版的系列丛书中，MAPE 的公式也以实际值 A 为分母。但是越来越多的企业用预测值 F 做分母，还有部分企业用实际值 A、预测值 F 中的较大者做分母，另有企业使用实际值 A 与预测值 F 的平均值做分母。

从表 9-3 中我们可以看到，供应链管理实践者在计算 WMAPE 时使用了不同的分母，那我们在实际应用中到底应如何选择呢？基于表 9-3 的内容，我们提出如下建议。对于快消品企业或缺货成本较高的企业，以及习惯做低预测的企业，鼓励做高预测，建议在计算偏差时使用预测值 F 做分母。因为每位需求计划经理心里都有一杆秤，当使用预测值 F 做分母去衡量偏差时，大家会倾向于提高预测值来获取可能的较小偏差。对于品牌忠诚度较高的企业或缺货成本较低的企业，以及习惯做高预测的企业，则鼓励做低预测，建议以实际值 A 做分母。因为使用该方式时，要使预测偏差尽可能小，则实际值 A 需要更大，这意味着预测值 F 要更小，也就是鼓励做低预测。但在工业品企业中，采用实际值 A 和预测值 F 谁大谁做分母的方式更容易直观解读预测偏差，因为在工业品企业中很容易出现 -1800% 这样的预测偏差，但管理者希望看到的预测偏差都是小于 100% 的，所以这种方式在工业品企业中应用较多。取实际值 A 和预测值 F 的平均值做分母是比较平衡的选择，但这种方式应用得不多。最后，请记住一点，选择哪种方式不是最重要的，最重要的是持续使用同一种方式才能有统一的比较基准，推动预测持续改善。

表 9-3　计算预测偏差时使用不同分母的优缺点（以计算 WMAPE 为例）

项目	$\sum|A_t-F_t|/A$	$\sum|A_t-F_t|/F$	$\sum|A_t-F_t|/\mathrm{MAX}[A,F]$	$\sum|A_t-F_t|/[(A+F)/2]$
优点	■比较基准一致 ■考虑人性乐观 ■合理利用安全库存	■兼顾供应链利益 ■对其他部门公平	■确保预测偏差绝对值小于100% ■鼓励客观预测	■平衡实际与预测 ■鼓励客观预测

缺点	■未反映对供应链的影响 ■鼓励做低预测 ■对其他部门不公平	■比较基准不一致 ■鼓励做高预测 ■容易积压库存	■比较基准不一致 ■难以解释	■不宜从管理上解释

3. 使用 WMAPE 时不可忽略被掩盖的重点产品

前面我们告诉大家计算一组产品的预测偏差时需要使用 WMAPE，也就是基于权重计算这组产品的预测偏差。这表示哪怕这组产品中销量小的产品预测偏差很大，只要这组产品中销量大的产品的预测偏差较小，则整组产品的预测偏差也较小。在这种情况下，销量小的产品的预测偏差将被整组产品的预测偏差掩盖。因此，对于销量较小但是比较重要的产品，需要单独计算预测偏差，避免重点产品的预测偏差被掩盖。

9.6 非限制性预测与限制性预测

2016 年的 4 月，某外资企业突然通知要在全球范围内统一流程、统一标准，用非限制性预测替代原来的限制性预测作为评估预测精度的基准。这让供应链计划管理部门感觉压力颇大，并且难以理解，大家纷纷讨论到底选择哪种预测方式来评估偏差更加合理。首先，要理清何为非限制性预测，何为限制性预测。从规则来看，非限制性预测就是基于市场视角，不考虑任何供应限制的预测；限制性预测就是在受供应能力限制时能达成的预测。我们可以分 3 种情况来理解二者的逻辑。

①第一种情况：供应能力超过市场需求，非限制性预测的结果与限制性预测的结果是一致的。

②第二种情况：供应能力无法满足市场需求，限制性预测的结果要小于非限制性预测的结果。

③第三种情况：仅在某一特定时间段存在供应瓶颈，供应端往往通过提前生产、加班或者外包来消除这种瓶颈。当然，这也是在我们能提供 3 个月以上的预测，给予供应端足够的调整时间的前提下的最佳解决方案。

该企业应该属于第二种情况，其总体供应能力无法满足市场需求。在这种情况下，如果非限制性预测结果是 1000 单位，而供应端最多可提供 600 单位。如果以非限制性预测结果（1000 单位）作为评估基准，即使供应端再努力，最终的预测偏差至少是 40%。如果以限制性预测结果（600 单位）作为评估基准，则最终预测偏差可能接近 0。在需求计划管理方面比较专业的企业需要对预测偏差进行分析，判断产生预测偏差的原因。如果该企业以非限制性预测结果（1000 单位）作为评估基准，则需要对 40% 及以上的预测偏差解释原因，其中最主要的原因可能是供应能力限制。如果该企业以限制性预测结果（600 单位）作为评估基准，则接近 0 的预测偏差是令人满意的，该企业不需要做任何解释。虽然供应能力限制不是供应链管理部门主观造成的，但是这个问题需要被流程揭示。如果连续 3 个月出现供应不足，则需要考虑增加人员、外包等解决方案。如果连续 6 个月出现供应不足，则需要考虑增加产线等。

所以，从管理角度而言，偏差需要被揭示而不是被掩盖。如果以限制性预测结果作为评估基准，偏差则会被掩盖，供应问题不能得到及时警示。那为何供应链管理部门难以接受以非限制性预测结果作为评估基准进行考核呢？因为考核带来的压力过大。考核是硬指标，虽然供应链端绩效可能完不成，但供应链管理部门认为这不是他们的主观问题。而从企业视角看，供应问题确实是供应链管理部门的问题。对此，有智慧的需求计划人员提出在短期内看限制性预测结果，这样可以在产能不足的情况下缓解考核压力，而长期则看非限制性预测结果，否则供应问题会永远存在。

我们还可以从销售部门的视角来看这个问题，在供应能力充裕的情况下，销售部门敢预测，供应部门就敢生产。如果销售部门坚持做高预测，则由此产生的慢动库存在一些企业中是需要销售部门承担责任的。但是在供应能力不足的情况下，由于供应限制而产生的预测失效在整个过程中没有被揭示和记录，那对销售部门而言也是不公平的。因此，以非限制性预测结果作为评估基准进行考核，能反映市场需求与企业供应能力的客观偏差，是从企业的视角来管理偏差的。而以限制性预测结果作为基准评估进行考核，则是从运营部门的视角来评估其对销售部门的承诺。还有一种类似情况发生在计算订单交付率时。小部分企业按客户要求交付日期来计算订单交付率，大部分企业按制造承诺交付日期来计算订单交付率。站在后端制造体系的立场上，我们理解大家的担忧，非限制性预测是完全不靠谱的，客户要求交付日期也是不靠谱的，所以，要按靠谱的限制性预测结果和制造承诺交付日期来计算订单交付率。但是，撇开是否靠谱的问题，采用此类计算逻辑的供应链管理部门的确没有从企业的视角考虑问题。

所以，供应链管理部门应该站在第三方或者站在企业的立场上，考虑如何让非限制性预测更靠谱。优秀企业的管理实践已经告诉我们，它们的供应链管理部门是如何借助专业的需求计划管理团队、专业的流程和技术来完成一个靠谱的非限制性预测的。同时，我们还要有专业的订单管理部门，以帮助客户规范订单行为和上单规则，获得一个靠谱的客户订单。另外，我们也必须了解，对任何指标进行评估都可能带来负面影响，所以，解释偏差比考核偏差更加重要。同时，任何问题的背后都可能隐藏着更深层次的问题。

9.7　总结：预测偏差衡量是一件复杂的事情

本章主要从统计学角度探讨如何根据不同应用场景选择合适的预测偏差计算公式及相关规则。首先，比起计算偏差准确性，了解计算偏差的科学性更为重要。其次，系统（方向）偏差的计算比幅度偏差的计算更为关键。除了基于不同业务模式和偏好选择合适的计算公式，我们还需了解如何选择合适的偏移期和层级。偏移期和层级的选择对偏差计算结果具有重大影响，并能反映不同的管理理念和业务价值。在实际应用中，计算一组产品的预测偏差时，通常采用经过推演的 WMAPE（WMPE）的计算公式，以避免极值问题。同时，我们需了解如何将价值链理念融入偏差计算，尤其是对于产品价格差异较大的企业。最后，我们通过案例分享展示如何通过选择合适的偏差计算方式来揭示不同视角下企业面临的问题。

第 ⑩ 章

管理预测就是管理偏差，而不是掩盖偏差

在第 9 章中，我们阐述了如何从统计学视角去管理预测偏差，大家可能已经感觉这个过程很复杂了。该过程不是已经包含一些实践应用经验了吗？难道还有更加业务化的偏差管理方法吗？是的，管理预测偏差是需求计划管理者的重要能力。所谓言必称"预测是不准的"，都是不知道或装作不知道"预测偏差的大小是有区别的，并且预测偏差是可以减小的"。为何用这么大的篇幅来阐述这个话题？这是为了更加精细化地管理，毕竟 1% 的预测偏差意味着 0.5%~1% 的利润偏差。本章提及的偏差比前面提及的偏差还重要，这类偏差我们暂且称为"业务偏差"。为何称其为业务偏差？因为它们更多是从业务角度揭示预测管理中的潜在风险，而不是从纯粹的统计学角度揭示。管理这类偏差能为需求计划经理调整预测提供更多的依据。

10.1　业务视角下的各种预测偏差

前面我们从统计学的视角分享了预测偏差的计算逻辑和公式，包括 MAPE、BIAS、MAD、MSE、ET、TS 等，这些偏差更多从数学角度进行统计和解释。下面我们再从 8 个业务视角来观察预测偏差。

①本期预测值与去年同期预测值进行比较。该偏差反映了企业或者市场的增长率。

②本期预测值与前 N 个月（一般为前 3 个月）的平均实际值进行比较。该偏差反映了需求的波动率，在超过一定倍数后，需要进行解释或修正。

③不同角色的预测数据之间的偏差。该偏差显示了不同角色对当前形势的不同见解，需要各角色进一步提供判断依据，并进行解释和分享。

④判断预测与统计预测之间的偏差。该偏差表明了经验判断与系统判断之间的差异，如果差异较大则需要找出偏差存在的原因，并进行校验。

⑤预测与目标之间的偏差。有些企业会将预测值与前 N 版目标分别进行比对（这些企业每月调整年度销售目标，但初始年度总目标不变），其目的是未来在确保初始年度总目标不变的情况下，兼顾实际，实现动态平衡。

⑥本期预测值与上一期同期预测值之间的偏差（往往看最近 3 期的合计偏差）。评估近期波动对供应链的影响，特别是在计划期内，需要特别提醒运营端采取调整措施。该指标对后端运营效率影响较大，在部分外资企业受到高度重视。这意味着预测不仅要准，还要稳定。

⑦判断预测准确性／统计预测准确性。评估在统计预测基础上的人工调整是产生了正向效应还是负向效应，从而帮助修正主观偏差。

⑧变异系数（Coeffient of Variation，CV）。变异系数表征需求或者预测的波动性，但是该指标不仅用于评估需求或预测偏差，在实践应用中更多作为产品制

造策略的分类标准之一，也是产品制造策略差异化的重要依据。

【要点提炼】不同版本预测值比较的重要性

这里要特别解释第 6 个业务视角下的偏差，即不同期间预测值的比较。为何一般要按季度（3 个月）比较而不是按月比较？在编制滚动预测时，大部分人会随着时间的推移逐步调低之前的乐观预估，但是如果这个预估已经进入了物料需求计划（Material Requirement Planning，MRP）展望期（一般在 3 个月内），则系统会触发长周期原料需求量的计算，并生成采购申请或者采购订单。但是很少有企业会冻结 3 个月的预测，所以在进入 2 个月或者 1 个月的展望期后，需求计划还会被调整，但此时从流程的角度来看已经没有调整机会，采购订单可能已经发给了供应商，原料可能已经进入生产过程中，任何调整都需要人工特殊处理，并将产生额外的成本。因此，有经验的供应链管理者非常关注不同期间的预测值变化，以判断是否要调整采购订单。但是由于预测每月都会更新，每月要求采购部门频繁调增或调减订单似乎不现实。有经验的采购计划人员会基于未来 3 个月的总体数量变化来调整采购订单，而不是仅看单月变化，这样既避免了可能的呆滞风险，也减少了不必要的采购操作成本。上述业务偏差都是富有经验的需求计划管理者特别关注的，是一种对实践经验的提炼和应用。

【要点提炼】项目型和配置型企业如何计算预测偏差

中国制造企业大部分采用客户化定制模式，这成了它们的一种强有力的竞争优势，但也给它们增加了管理难度。在竞争日趋激烈的今天，管理差异化或许是另一个竞争优势。你能高效管理 10000 个产品，而你的竞争对手可能无法有效应对同等产品数量的管理，那你的优势就凸显了出来。其中最典型的就是项目型和配置型企业，这类企业最终产品的组合方式是难以确定的，所以最终产品和预测产品无法一一对应，与其他生产标准产品的企业相比，其无法在产品层级计算预测偏差。那么这类企业如何计算预测偏差呢？我们建议衡量缺货率和库存周转率，而不是预测偏差。

【要点提炼】退货在计算预测偏差时如何处理

很多企业由于销售政策的牵引或者过度追求短期目标，对退货管理比较松散，在某个时段大量出货，再在某个时段大量退货。如果出现此类现象，对预测偏差的计算就是一个挑战。如果能够知道之前对应发出的订单，企业则可以直接冲销之前的销售记录。但是如果退货时不能找到对应发出的订单，比较常见的做法是用大批量的退货分批冲销前期大批量的出货记录，或者直接使用数学方法如线性插值法或临近中位数法来调整销售数据。对于退货管理比较混乱的企业，首先要解决的不是预测偏差评估问题，而是基础管理问题。

【要点提炼】需求计划管理者观察预测偏差的习惯

需求计划管理者更倾向于通过偏差衡量业绩，比如衡量在某个时间段，哪个区域将目标完成得更好、预测做得更准确时。需求计划经理更多希望通过偏差来揭示某个区域、某个业务员或者某个产品最近一段连续期间内的销售目标达成情况及预测偏差变化趋势，并以此判断可以改进或需要重点关注的方向。所以，需求计划经理关注的往往是几个连续期间的预测偏差变化趋势，而非某一个期间内的不同考核单元的对比值。

10.2 当预测结果与目标有较大偏差时怎么办

这个问题困扰了许多需求计划经理，也是被提及频率最高的问题之一。首先，我们需要认识到预测和目标是两个不同的事物。其次，我们要有勇气揭露二者之间的差异，而不是掩盖这个差异。最后，我们需要有能力解释、缩小甚至消除这一差异，即在销售和市场部门的配合下提出弥补差异的方案。如果没有足够的资源支撑目标的达成，我们需要说明可能面临的风险，例如，目标达成风险、库存风险、产能风险以及其他潜在风险。前一章和本章都在讨论偏差管理，目的是让大家能够揭示偏差、评估偏差、解释偏差，最后管理偏差，但最重要的是有勇气揭示偏差。从管理层或销售端来说，他们对完成目标或对市场表示乐观是可以理解的，但需求计划经理有责任基于充分的依据揭示目标与预测结果之间的差异，这是这个岗位在风险管控方面最重要的价值。同时，提交给制造部门的最终预测应该是一个基于各方预测的协同预测。我们建议基于各方以往的信用指数（N 期内的平均预测偏差率）和预设的权重自动生成最终预测，以避免任何单方面决策带来的风险，确保对各方预测质量的客观评估，并基于其预测质量不断调整其在最终预测中的权重，迫使各方做出最客观的预测。

你也许会说你所在企业的需求计划管理职能是向销售部门汇报的，销售总监可能不愿接受一个不能达成目标的预测结果，担心这个预测结果会影响大家的士气。但销售总监应知道，销售注重的是目标达成而不是预测准确，不必和所有人分享预测结果。预测是用来管理整体供需失衡风险的，更多用于指导后端运营计划，即使预测结果低于目标，也不代表目标无法完成，因为我们有各种库存、各种产能、各种风险预案。将预测结果与目标分离是许多管理层都缺乏的重要认知，在经济下行的环境下，混淆二者的后果将直接显现。揭示偏差，并帮助管理层和销售部门完成目标，同时列示可能的风险，是一位优秀的需求计划经理应具备的重要能力和存在的价值。需求计划管理者最重要的品质可能是勇气。

10.3　如何做到不同渠道的责任清晰且库存共享

在实际业务中，同一产品常需供应给不同渠道，不同渠道通常由不同管理者负责，并需提供预测数据以便备货。这导致了两种管理模式的出现。一种是供应链端根据各渠道的预测分别备货，如需调配，由各销售部门自行沟通，由此引发的缺货或滞库风险由各销售部门自行承担。这种模式责任明确，但沟通成本高，易导致局部缺货或滞库，且无法保证货物先进先出。另一种模式是供应链端基于整体预测进行备货，货物共享，货物按订单提交顺序进行分配。但这可能导致有预测的渠道缺货，而无预测的渠道却有货，因为实际订单提交时间有差异。在此模式下，滞库或缺货责任难以界定，不利于推动预测质量的提升。这形成了一个两难局面。从责任和操作难度来看，供应链端更倾向于采用第一种模式，因为它操作简单，各渠道独立发货、自行解决问题。然而，采用这种模式的企业实际较少，因为从企业整体和供应链的角度看，采用这种做法会导致内耗，是一种"不作为"。但若采用第二种模式，如何明确责任，推动预测质量的改善呢？

难题就在这里。无数需求计划经理耗费心力，希望找到一个万全之策。然而本书也无法提供一个万能的解决方案，但是可以提供一种思路作为参考，如表10-1所示。基本原则是明确各自的职责：不管是否缺货或者滞库，销售端都必须承担其预测偏差的责任；供应端必须对约定的允差范围之内的缺货或滞库承担责任，不对允差范围之外的缺货或滞库承担责任。

表 10-1 供应端和销售端的责任分配参考

销售预测偏差评估（销售）	供应满足率评估（供应）	销售责任评估	供应责任评估
预测偏差在正常范围内	达成订单交付率目标	无	无
	未达成订单交付率目标	无	按订单交付率偏差接受惩罚
高预测并超过允差范围	达成订单交付率目标	按超出允差部分接受惩罚	无
	未达成订单交付率目标	无	按低于允差部分接受惩罚
低预测并超过允差范围	达成订单交付率目标	按超出允差部分接受惩罚	无
	未达成订单交付率目标	无	按订单交付率偏差接受惩罚

使用上述思路的前提条件：客观定义供应端可接受的预测偏差以及销售端可接受的交付偏差。这种定义可以按不同的品类、不同的季节做差异化的设计。这

种思路下，复杂而精细化的管理模式需要仿真推演模型来辅助决策。大家可能感觉上述模式有些复杂，但是一个良性的管理体系将推动业务运作实现良性循环。这个模式将预测偏差与实际的交付结果做了分离，这意味着无论最终是否达成交付，销售端都要对超出约定的允差范围的偏差承担责任，而供应端也需要应对一定范围内的需求波动，若在需求波动允差范围内不能达成交付，供应端也要接受惩罚。这个模式既无须对实物管理进行硬性划分，能提高企业的整体资源利用率，也可以分清责任，持续推进预测质量的提升。

10.4　管理偏差不仅是为了考核偏差，更是为了解释偏差

大部分管理者可能更关心谁来对预测偏差这个指标负责，这是一个既简单又复杂的问题。对于还没有设立专业而独立的需求计划管理职能的企业而言，这个问题的答案非常简单。一种解决方法是，明确保障供应是后端的职责，其他部门不对预测偏差负责。还有一种解决方法就是，销售部门承担预测不准的责任，并在内部按照级别来分配相应责任。但是对于已经设立了专业而独立的需求计划管理职能的企业而言，这个问题的答案就比较复杂。如本书前面所介绍的，在一个专业的需求计划管理体系下，做预测的不只有销售部门，还有需求计划部门和市场部门，而且预测还有不同的类别，对不同类别的预测，参与方也是不一样的，因此无法简单地把所有责任归于某一部门。在这种情况下，被考核的部门就可能涉及需求计划部门、销售部门和市场部门，但它们被考核的维度可能是不同的，有的对常规产品预测负责，有的对新产品预测负责，有的对 A 类产品预测负责，有的对 B 类或 C 类产品预测负责。

这里要重点分享的建议是关于平衡销售目标达成与更高的预测准确性。如果对销售部门的预测考核过于严苛，可能导致销售部门倾向于做出低预测而使预测失效的风险，因此建议采取激励性而非惩罚性的考核措施。我们可以借鉴一些企业的经验，这些企业为了不让预测的压力干扰终端销售行为，而只让销售管理者

承担预测偏差的责任，而销售管理者会把这种压力间接传导到终端销售，但是又不能形成对终端销售的直接影响，从而实现二者的平衡。甚至还有企业放弃对销售直接进行预测考核，转而考核其慢动库存、现金流等指标，间接地实现对预测的考核，其目的也是达成销售目标和控制预测偏差。

销售目标达成和预测偏差存在这么严重的冲突吗？如果还难以理解的话，这里有一个小案例和大家分享。某知名消费品制造企业的需求计划经理给总部提出了一个申请，要求降低销售预测偏差的考核标准。其理由是，在低预测场景下，如果大量超卖，销售预测必然不准，而销售预测准确性主要由需求计划部门负责。在这种场景下，需求计划部门的处境非常尴尬，为了实现预测准确，需求计划部门会不自觉地控制供应节奏，从而影响销售目标的达成。因此，该需求计划经理向总部提出降低考核标准的申请，最终总部同意进行适当调整。这个案例说明，考核预测偏差不是一件简单的事情，几乎所有的考核都会引发冲突。对指标管理者而言，如何基于不同阶段的管理诉求，既借助指标进行牵引，又借助指标的交叉对各部门进行制衡就成了一个挑战。

必须再次强调，管理偏差，不仅是为了考核偏差，更是为了解释偏差。这不仅需要需求计划经理进行解释，还需要相关人员对各自的偏差进行解释。解释不是在事情发生后简单地讲一个故事，而是要基于做预测时给定的假设条件，阐述预测值如何能成立，并在得出实际值后基于列示的假设条件对超出允差范围的偏差进行解释。偏差可以解释的预测才是高质量的预测，而不是偏差小的预测就是高质量的预测！对于偏差可以解释的预测，你能知道它为何不准，或者为何准，这样未来才能持续提升预测准确性。我们的重点应放在解释偏差产生的原因，而不是偏差本身上。

10.5　需求计划管理体系成熟度评估表

就某一个独立职能在其全生命周期内而言，其在管理上的成熟度是可以定义的。相比其他职能而言，虽然需求计划管理还是一个新兴职能，但这个职能的马太效应非常明显：强的非常强，弱的非常弱，两极分化严重。

表10-2从4个维度、4个阶段对需求计划管理体系的成熟度评估提供了参考。第一个维度是需求计划职能，从多部门预测并行，到有一个部门统一预测，再到有一个职能管理预测最终实现多部门协同预测。第二个维度是需求计划流程，从自上而下地预测到自下而上地预测，到自上而下和自下而上的预测并行，再到自上而下和自下而上预测的充分协同。第三个维度是预测技术，从完全基于Excel进行预测，到基于Excel及预测引擎进行预测，到基于数据库预测系统进行预测，再到有独立的促销预测最终体系，最终实现能全面支持管理层决策的目标。第四个维度是绩效评估，从无法评估，到仅仅评估偏差幅度，到同时评估偏差幅度和偏差方向，再到认识到解释预测偏差比评估预测偏差更重要。大家可以据此了解自己所在企业的需求计划管理体系成熟度，不同的企业在不同的评估维度上可能处于不同的阶段。

表10-2 需求计划管理体系成熟度评估表

评估维度	第一阶段	第二阶段	第三阶段	第四阶段
需求计划职能	1. 各部门独立进行预测 2. 各部门间缺乏充分沟通 3. 各部门使用各自的预测 4. 没人对最终预测负责	1. 由一个特定部门做预测工作 2. 预测仅作为该部门的兼职工作 3. 在预测过程中，各部门之间会进行协调 4. 绩效奖励制度仅针对预测者实行	1. 有确定的全职预测责任者，并至少存在一个兼职预测支持部门 2. 了解市场预测与商业计划的区别，并且各部门之间相互协调 3. 绩效奖励制度针对所有预测参与者实行	1. 预测作为独立职能存在 2. 实现部门间预测职能对预测的整合 3. 明确了不同职能对预测过程中的责任以及在预测过程中各自的责任 4. 对预测参与人员进行多维绩效奖励
需求计划流程	1. 目标驱动，并自上而下地预测 2. 对所有产品预测方法不加区分 3. 预测人员缺乏培训 4. 没有记录预测过程的文档	1. 认识到营销活动可驱动需求，自下而上地预测 2. 认识到预测和商业计划的关系 3. 预测人员培训有限，预测人员不了解商业环境 4. 记录预测过程的文档有限	1. 自上而下和自下而上的预测并行 2. 使用ABC分析法区别预测 3. 使用时间序列法进行预测 4. 认识到商业环境对预测的影响 5. 预测人员经过培训，预测过程得到有力的管理和强调	1. 自上而下的预测和自下而上的预测无分协同 2. 做到对产品进行分类预测管理 3. 有独立的促销预测管理 4. 统计与判断预测无法协同 5. 明白预测中固有的博弈行为 6. 对预测人员持续培训 7. 高层管理者对预测给予无分支持
预测技术	1. 完全基于Excel进行预测 2. 主要为数据的收集和合并	1. 基于Excel进行预测 2. 参考预测引擎生成的统计预测结果 3. 无市场分析视角 4. 难以对判断预测进行互动 5. 无对预测过程的记录 6. 提交简单预测报告	1. 基于数据库预测系统进行预测 2. 市场分析视角全面 3. 使用统计技术进行预测 4. 统计与判断预测协同 5. 根据不同需求生成预测报告，并获取绩效评价指标	1. 基于数据库预测系统进行预测 2. 实现历史数据的修正和基准预测 3. 有独立的促销预测管理 4. 统计与判断预测无法协同 5. 实现数量与收入预测并行 6. 实现预测调整的追溯 7. 全面支持管理层的决策
绩效评估	1. 预测准确性没有得到度量 2. 基于预测与计划的物合情况，对预测进行调和（参考销售目标）	1. 预测评估指标不完整，仅评估偏差幅度 2. 关注预测准确性本身而没考虑其带来的实际影响 3. 认识到外部因素对需求的影响	1. 不仅评估预测偏差幅度，同时评估预测偏差方向 2. 对预测准确性区别对待 3. 关注预测对供应链的影响 4. 认识到预测准确性对存货、客服水平以及市场和财务计划的实际影响	1. 认识到解释预测偏差比评估预测偏差更重要 2. 对预测绩效采用多方面评价，并将预测预测绩效与企业整体目标实现相联系 3. 通过各种分析视角寻找预测改善的有效方法

10.6　总结：先勇敢揭示偏差，再主动管理偏差

需求计划管理的核心是偏差管理，其目的在于通过偏差揭示问题并推动其解决。偏差的衡量不仅仅局限于统计学视角，更重要的是从业务视角出发，特别是理解偏差对业务的具体影响。有些企业的后端生产模式极为灵活，换线成本低，主要依赖本地供应商，且产品高度客户化，市场波动往往能被后端的供应灵活性所吸收。然而，一些企业后端灵活性较低，换线成本高，生产效率较低、节奏较为敏感，主要依赖国外供应商，这类企业对于市场波动不能完全依靠后端吸收。基于牛鞭效应，前端需求计划的准确性提升 1% 所带来的业务价值，相当于供应执行成本降低 5%~10% 带来的价值。因此，我们不仅需要从统计学和业务视角评估和揭示偏差，还要深入理解偏差如何影响业务运作，并积极管理偏差。

第 11 章

你会推销你的预测吗

　　读到这里大家已经明白了，"销售预测"其实是一个俗称，它更专业的术语是"需求计划"或"需求预测"。这项预测工作并非销售人员所能随意兼任的，它对个人的综合素质有极高的要求。那么做完预测，整个预测工作就结束了吗？并非如此！更艰巨的任务还在后面。与许多需求计划人员接触后我们发现，一部分人对自己的工作成就感到十分自豪，以至于他们不愿意回到他们认为被动、琐碎且缺乏影响力的供应计划部门或订单管理部门。尤其是当他们离开公司后，其他部门的人员纷纷竞聘原本属于他们的职位，这无疑增强了他们的职业自豪感。而另一部分需求计划人员则忙于寻找新工作或内部调岗机会，希望尽快离开这个辛苦而不讨好的岗位。为什么会有这样的差异？除了前文提到的职能定位和管理层认知问题外，一个重要的区别在于个人判断预测的能力，即需求计划人员是否能有效推销自己的预测。他们的能力不仅体现在编制高品质的预测上，还体现在能够推销这个永远不会 100% 准确的预测上，并且他们要利用它来提升整个企业的运营效率。从这个角度看，需求计划人员需要向销售人员学习。

11.1 如何向销售和市场部门推销你的预测

销售和市场部门永远是企业中最重要的部门，也是话语权最强的部门。而需求计划部门往往是独立于这两个部门的。这里我们要再次强调，需求计划部门独立于销售和市场部门是为了与销售和市场部门互相制衡，以降低市场风险，这是需求计划管理职能存在的底层逻辑。所以，需求计划岗位的设立是企业风险管控模式的一次变革，这在第 1 章就做了阐述。很多企业认为，需求计划人员应该是一个咨询顾问（Advisor），至少是一个"麻烦制造者"（Trouble Maker），其职责就是对销售和市场部门的预判进行理性和公正的评估，成为企业抵御市场风险的第一道屏障。但是需求计划人员为了做好这个工作，首先需要获得销售和市场部门的支持，需要它们分享真实的信息和判断。需要别人支持，还要质疑别人的决策，并且无论如何最终结果都是不准确的，然后被更多人挑战、质疑，这是一件多么艰难的事情。但是有人的确做到了，他们是如何做到的呢？

这类需求计划人员往往与销售和市场部门人员坐在同一间办公室，直接参加销售和市场部门的会议，还会走访一线客户，了解产品使用方法，了解渠道库存管理现状，了解客户和市场反应。他们也会利用专业知识进行数据分析，为销售和市场部门提供趋势预警、缺货预警、本月目标偏差预警、未来的库存水平预警。他们还会基于全局和呆滞库存为销售和市场部门提供产品销售建议或促销建议。更重要的是，他们还为销售和市场部门的管理层提供公正严谨的分析报告。他们还是销售部门与供应端之间最佳的沟通桥梁，在销售部门提出停止销售某产品时，他们会帮助安排后续的退市程序，做好与供应端的衔接工作。在销售部门因对项目把握不足而不愿公开承诺，但又担心一旦客户下订单而无法交付时，他们会挺身而出，帮助协调供应资源。在一些零售企业，他们还承担品类规划的工作，甚至还要推动市场部门进行商业环境分析，并将这种定性分析转化为对销量的定量影响。如此，他们最终成为销售和市场部门的好帮手，这不仅仅体现在预测管理方面。信任关系就是在这种合作互助中建立起来的，需求计划人员需要主动迈出第一步，主动支持和帮助销售和市场部门。同样，销售和市场部门也会毫无保留地分享其预判和建议，因为他们的最终目标完全是一致的。

11.2　如何向管理层推销你的预测

如果你能够获得销售和市场部门的信任和支持，就不必担心能否获得管理层的支持了。只有当你在销售和市场部门难以获得支持和信任时，才特别需要管理层的支持，而在这种情景下，压力的确非常大。一般而言，管理层都是非常自信且难以被说服的。说服管理层主要有两种方法。一种是苦口婆心法，这种方法能否成功取决于管理层的个人觉悟和认知，说服者要将预测偏差与经营绩效指标相关联，阐述各种因为预测偏差而导致的执行差错，或者推动执行部门去推动预测的改善。还有一种更加直接高效的方法，就是倒逼法，或者说主动点火法，即让事情发生，不要试图掩盖问题。大乱大治，不破不立。这种方法非常有效，基于一大批的库存报废，一次难以挽回的失销，很多企业的需求计划职能就是在这样血的教训中"站立"了起来。当然，在经济下行、产品复杂、产能过剩的时期，这样的机会更多。

【案例分享】只有在失火之后才能防火

国内某享有盛誉的通信设备制造商，在一次产品创新竞争中由于对市场预估不足，导致市场份额永久丢失，巨大的挫败感使得董事长反思良久。随后，他邀请国际知名的咨询企业和国际一流的需求计划软件提供商为企业建立起了专业的需求计划管理体系。该体系涉及的人数达到 80 人，涉及资金投入数千万元。而另一家在国际上享有盛誉的医疗器械制造商，也因为一次损失金额高达 8000 万元的产品报废设立了需求计划部门。这样的案例比比皆是，所以，你不必着急，管理层往往比你更着急！

11.3　如何向财务部门推销你的预测

为何需要向财务部门推销预测？大部分人做的工作最终都要归结到是否为企业的利润增长带来价值，能直接带来价值的当然厥功至伟，比如销售部门。能间接带来价值的有市场、研发、客服、生产、采购和物流部门，因为他们的付出是可见且能量化的。比较痛苦的是信息技术、行政、人事、质量、供应链计划等间接支持部门，他们的贡献是无法简单量化的。所以，那些贡献无法简单量化的部门都要学会展示自己的价值。财务部门是一个特殊部门，其话语权应该仅次于销售部门，并且它能衡量其他部门的价值。

因此，需求计划经理必须与财务部门保持沟通，对预测准确性的变化、库存的变化、订单交付水平的变化以及企业财务绩效指标（比如销售额、现金流、产能效率、利润率）进行关联分析。如果可能，在需求计划会议上，需求计划经理还需要邀请财务部门对预案风险进行评估，比如评估促销资金是否准备到位；促销的品类是否符合企业的策略；如果坚持做高预测，还需要财务部门对滞库和报废风险进行评估，并预判库存对现金流的影响；等等。财务部门通常是遵循谨慎原则的，这与销售和市场部门的激进乐观正好能形成一种平衡。优秀的需求计划管理者要学会借力打力。

11.4　如何向供应计划部门推销你的预测

供应计划部门是需求计划部门的下游部门（从信息流角度来看），在需求计划执行过程中扮演着重要角色。一般而言，这两个部门都属于供应链部门，如果是这样，可能一切都比较顺利；但是如果这两个部门分属不同部门，那就存在需求计划与供应计划的协同问题了。曾经有一位需求计划经理表示，当她花费九牛二虎之力说服了销售部门调整预测后，供应计划部门却不信任她，这导致需求没有得到满足，她最终在销售部门那里也难以建立信用。所以，从那之后，她对需求计划的执行过程进行全程追踪。她需要知道所有不能被满足的订单和出现多余库存的根本原因，也需要做出解释来维护需求计划的权威性，因为供应计划部门往往会基于其主观判断而对需求计划进行调整，如果因为供应计划部门没有按预定的规则执行需求计划而导致需求未被满足，则供应计划部门需要承担责任。因此，需求计划部门需要得到供应计划部门的信任和支持。

11.5　需要向执行部门推销你的预测吗

正常情况下，执行部门（包括采购、生产和物流部门）是需要严格承接和执行供应计划的。但是如果企业内计划部门（供应计划部门）与执行部门的关系尚未厘清，甚至计划部门与执行部门都没有分离，那在推行需求计划之前，首先要推行"有法必依，执法必严，违法必究"的理念，否则计划与执行是割裂的。有一种管理方法，可以让你不需要着急推进任何计划，这种管理方法被称为"相互补位法"。使用相互补位法时，下游业务部门可以拒绝执行上游的指令。这样做的好处是人人都可以发挥主观能动性。所谓相互补位，就是靠着大家的相互调整来降低风险（假设大家的修正结果都是正向的）。比如，需求计划部门认为下月应该生产 10 000 箱，供应计划部门认为这个目标太高，将其改为 8000 箱，生产部门也认为目标太高，或者认为品种不合理，可再进行调整。采购部门也可以对采购计划进行调整，因为市场价格会发生变化，需要进行战略备货等。这种人人有责的相互补位法看似是主动和灵活的，其实是无序和混乱的，最终使得人人无责，企业有责。在这种理念下，所有计划管理都是可以暂缓的。

11.6　在生意下滑时如何做好预测

一位优秀的需求计划管理者，必须经历过生意下滑的磨炼。这个时候，你需要有强大的内心，把控情绪，在别人悲观的时候看到希望，在别人狂欢的时候预测危机，提前布局。面对各种压力时，你要从事实出发，说真话，有坚忍的毅力和自驱力，以及敏锐的洞察力，因为来自生意的挑战可能持续数年。

【案例分享】讲真话

在某品类中，前后有3位需求计划经理，他们风格迥异，各有优势。第一位经理，雷厉风行，实时掌握市场动态，对产品的定位、市场策略的制定和执行有很多自己独到的见解。无论遇到如何艰难的讨论，他都不卑不亢地摆事实，不折不扣地去推进。第二位经理，擅长抓大放小，对关键问题和主要矛盾都能守住底线，在大部分的场合游刃有余，有的时候会适时地让领导助力。第三位经理，经验丰富，韧性强，了解大的目标，在核心问题上立场明确，在错综复杂的情况下总是能通过数据分析找到一些线索，推动变化并不断地鼓励团队坚持下去。

几乎所有的品类都经历过震荡和起伏，S曲线是客观存在的。记得某公司一位销售总裁曾经说过："你知道什么对于每一个新事业部总裁来说是最好的礼物吗？是这个品类过去10年的增长图和相应的记录和分析。"该公司有个系统叫品类画像，其中有个品类最久远的历史记到了12年前，它包括数据分析和生意记录，特别珍贵。在生意下滑的时候，很多人都能看到端倪，但是由于情境所限，敢于第一个说出真相的少之甚少。大多数人不愿意听到逆耳的忠言，在职场中练就了听话听音、点到即止、做"事后诸葛亮"的功夫。而正确的做法是说真话，不要似是而非，准备充分的数据和观点。

11.7　总结：影响力是需求计划管理者的必备能力

不同的企业不仅在管理体系层面有巨大的差异，需求计划人员的精神面貌也千差万别，而这种区别源于需求计划职能部门在企业中的权威性，也就是需求计划职能部门是否可以得到其他部门的信任和支持，而这种信任和支持又取决于需求计划职能部门是否能很好地把预测推销出去，是否能积极展示预测对于管理层和其他部门的价值。一个优秀的需求计划管理者的必备能力就是影响力。

第 12 章

需求计划管理系统不是你管理失败的借口

2004 年以来，以订单管理为导向的交易型系统（On Line Transaction System，OLTP）蓬勃发展，它覆盖了我们熟悉的销售、采购、库存和财务等管理领域。在最近的 10 年间，另一种基于聚合数据的分析型系统（On Line Analytic System，OLAP）开始逐步普及，其中大家最熟悉的是商业智能（Business Intelligence，BI）系统。此类系统专注于数据分析和挖掘，用于各种报表的编制。精确地说，目前的 BI 系统应该被称为商业信息仓库（Business Warehouse，BW）系统。软件供应商将 BW 系统改称为 BI 系统可谓用心良苦，但是其实际应用水平的确还停留在 BW 层面，因为企业主要将其用于分析历史，而不是决策未来。事实上，所有历史分析的最终目的一定是展望未来，支持各种面向未来的商业决策，能实现这一点的 BW 系统才是真正的 BI 系统。所以，2019 年以来，大家会发现众多的外资企业在推动其中国的子公司部署第三类系统——商业计划系统（Business Planning System，BPS），这就是直接支持未来决策的系统。这类系统包括需求计划、主计划、库存计划、生产计划、生产排产、采购计划和补货调拨计划等管理系统。

12.1　需求计划管理系统的发展

需求计划管理系统在中国发展时间不长，在欧美国家则已经有 30 年的发展历史，大部分专业需求计划管理系统也有 15 年以上的发展历史。从 1995 年至今，日益成熟的信息技术，特别是分析型数据库的出现，将企业需求计划管理带入了基于互联网平台的流程应用和高度集成的阶段。在未来，基于完整应用流程、功能强大的数据库、网络版的协同模式、成熟的统计应用技术的支持，甚至人工智能技术的发展，需求计划管理系统将会取得快速发展。目前，全球企业应用的商业化需求计划管理系统有 60 多种，需求计划在国外不仅有成熟的理论体系，并且积累了丰富的业务实践经验，形成了规范化、规模化的行业协会和研究团体。比较知名的有国际预测者协会和商业预测与计划协会，前者为非营利性机构，后者是商业组织。

大家可能想了解需求计划管理系统在中国的应用情况到底如何。据我们的调研数据，在中国的外资企业中，特别是在 500 强企业中，专业化的需求计划岗位的设置比例在 60% 以上，需求计划管理系统的应用也相对普遍，特别是近几年来基于国外总部的要求进行推广应用的案例非常多。但是在内资企业中，独立、专业化的需求计划部门鲜见，相关系统的应用更少。

12.2　预测引擎软件和需求计划管理系统的区别

从技术架构来看，需求计划类管理系统可以分为两大类，一类是预测引擎软件，另一类是需求计划管理系统。预测引擎软件是一个独立的程序包，仅提供基于预测者选择的统计模型或者算法推荐的模型生成的统计预测数据。而需求计划管理系统的功能不仅仅包括统计预测的生成，还包括预测策略的设计、数据的清理、不同预测者的协同互动、特殊事件管理和版本管理等，体现了更多管理理念。

12.2.1　预测引擎软件

预测引擎软件有3类，一类是 Excel 内置的统计模型，一类是专业统计软件，还有一类是科学计算编程语言。

① Excel 内置的统计模型。Excel 内置了一些简单的预测模型可供使用，例如在 Excel 中，可以方便地构建滑动平均、简单指数平滑、三次指数平滑和线性回归模型等（需要勾选 Excel 中的"分析工具库"加载项）。

②专业统计软件。例如 SPSS、SAS、Stata 等，其内置了更多的统计模型，支持构建大部分常用的时间序列模型，有的甚至支持构建机器学习和深度学习模型。专业统计软件具有更全面的数据分析能力，同时还支持多种模型评估方法。这类软件大多是商业软件，需要付费使用。

③科学计算编程语言。例如 Python、R、Julia 等，这类语言具有丰富的科学计算包，支持构建包括深度学习模型在内的各种预测模型，可以让使用者非常灵活地创建自己的预测流程，能够为数据清洗、数据可视化、模型优选和效果评估提供全套的支持，并且是完全免费的。强烈推荐有编程基础的人员使用这类语言。

12.2.2　需求计划管理系统

前面介绍了一些通用的预测算法模型，它们可以在建立需求预测模型的时候助我们一臂之力，但它们并不是专门为需求计划打造的，只部分满足了需求计划的技术诉求，而完全没有满足需求计划的管理诉求。与之相反，需求计划管理系统则是专门为需求计划打造的，可以为预测的全流程管理提供一体化的支持。除了支持多种时间序列模型和机器学习模型，满足各种场景下的预测需求之外，优秀的需求计划管理系统还具备以下功能。

①数据集成：直接从企业 ERP 系统或者数据中台获取历史订单数据以及相关

的主数据，无须通过 Excel 导入导出。

②异常值识别和数据清洗：能够从历史数据中识别出异常值，支持自动或手动的数据清洗。

③多场景数据处理和预测建模：具备对营 / 促销、节假日等常见需求相关数据的管理能力，并能够将这些数据运用到预测模型中，提升模型预测效果。

④多维度、多层级预测配置：支持在多维度的不同层级上创建预测，同时支持预测结果的向下分解和向上聚合，以确保预测数据的一致性，满足不同场景下的业务需求。

⑤智能化自适应建模：能够根据历史数据和预测场景自适应地选择模型并拟合参数，实现一键创建预测模型。

⑥多角色的协同预测：能够支持不同管理职能基于不同品类参与预测调整，填写调整原因，并支持以图形和表格形式进行友好互动。

⑦预测效果持续跟踪：支持多种预测评价指标，实时更新预测效果评价数据，支持预测任务的复盘和持续优化。

⑧多维度数据查询和展示：采用多种图表，对历史数据、预测结果、预测偏差等数据进行查询、展示和对比。

目前市面上对需求计划提供完整支持的预测系统并不算多，企业在进行选择时需要就系统的预测能力、功能适配、价格等方面进行综合考虑。在这一领域，国产软件逐渐崭露头角，在功能上更适配国内用户的场景需求和使用习惯，在价格上也更有优势。

12.3　你在管理上的努力程度还远未到要拼技术的地步

"你在学习上的努力程度还远未到要拼天赋的地步。"这句话揭示了一个事实：尽管人与人之间的天赋差异很大，但大多数人之间的差异并非由天赋造成，而是后天努力程度不同的结果。同样，我们可以问，不同企业在需求计划管理水平上的差异是否也是由技术造成的？外资企业因为更愿意投资需求计划管理系统而水平更高吗？诚然，他们的平均水平较高，但这并非技术差异所致。值得注意的是，尽管需求计划管理系统在外资企业中比较常见，但真正发挥作用的比例非常低。例如，某家制造商在全球享有盛誉，其供应链计划系统也是部分 500 强企业的首选。近年来，随着中国企业对需求计划的重视度逐渐提升，该系统已被陆续部署到中国的子公司。由于种种原因，该系统在中国的应用效果并不理想，成功案例寥寥无几。但一些应用该系统失败的企业仍是行业中的需求计划管理标杆。使用该系统没有效果吗？在体系完善的基础上，使用该系统肯定能锦上添花，但对于那些管理体系有缺陷的企业而言，该系统反而会成为一种负担，不仅无助于改善，还可能加剧挫败感。

12.4 总结：系统不能领先于流程

企业通常希望通过系统来提高预测准确性，即希望找到一种神奇的模型来解决预测问题。这是一种美好的愿望，但现在无法实现，未来也不会实现，因为预测问题不是一个纯技术问题。解决需求计划问题的重点不在技术环节，而在于对整个协同流程和评价体系的支撑。所以，在寻找系统之前，首先问一下自己是否建立了完善的管理体系、职能、流程和评价指标。和所有信息管理系统一样，需求计划管理系统也只是一个管理工具，使用者的专业性将决定系统的应用效果，否则系统将成为负担而非效率提升器。和外科医生做手术一样，你需要一把高品质的手术刀，但是你首先得是会用手术刀的"医生"，还需要一个团队配合你完成"一台手术"。需求计划管理系统也是一个工具，如果它承诺它的预测一定比你做得准，你相信吗？SAP 公司一直声称世界 500 强企业中 80% 的企业使用了它的系统，但如果你问它："使用了 SAP 公司的系统一定能成为 500 强企业吗？"它一定会回答你："不能！"但是这不能否定 SAP 公司的系统的价值。系统是用来帮助你做预测的，不是用来替代你做预测的。需求计划管理系统最大的价值是减少你的数据处理时间和提升流程效率，并提供高品质的基准参考，支持针对性的解释和沟通。最重要的是，它能让你将更多时间用在跨部门沟通、原因分析、问题解决、管理体系和方法论的持续优化上。

第 13 章

需求计划管理行业实践分享

　　在《销售预测：方法 系统 管理》这本书中，作者把需求计划管理按消费品行业和工业品行业做了区分，其实即使同属于消费品行业，食品、服装、电子消费品等领域的预测方法也各有不同。同样，在工业品行业，装备制造、汽车配件、化工生物类等领域的预测方法也可能大相径庭。下面就部分差异较大的行业的需求计划管理实践做一些分享。

13.1 连锁经营行业需求计划管理实践分享

从需求计划管理的角度看，连锁经营企业可分为两类：一类是所有产品均可出样，且各门店产品陈列一致；另一类是部分产品在门店出样，且不同门店的出样各不相同。后者在连锁经营行业中占较大比例，如家居、休闲食品、化妆品、时尚饰品、箱包等企业。这些企业的产品种类繁多，但单个门店只能展示其中的 30%~50%，甚至更少。目前，大多数连锁经营企业更加注重终端管理和销售推动，对需求计划管理的重视程度相对较低。接下来，我们将分享连锁经营行业需求计划管理的标杆企业实践。

1.E 公司需求计划管理实践分享

E 公司为知名休闲食品连锁零售企业，拥有门店 2400 个，以直营为主，有 5 个 DC、500 个左右的 SKU，目前营业规模居同行业首位，在 M-1/SKU 层级上做预测，预测准确性达 80%。

①计划集中管理的典范

E 公司的供应链计划管理模式以集中管理为主，所有计划均自上而下集中管理，终端促销信息也被总部完全掌控。需求计划、采购计划与门店配送计划全部由同一部门负责。计划的编制也是以推为主，推拉结合（总部提供建议，区域或门店进行调整，但调整幅度是有限制的）。促销活动由总部统一管理，所有终端销售和促销信息均在系统中被记录，并基于统计技术和数据清理技术生成基准预测。其计划集中管理程度之高，在国内连锁经营企业中比较少见。

②严格的例外管理

E 公司另外一个管理亮点是严格的例外管理。该公司所有历史数据将基于促销信息进行修正，同时补货计划的终端修正需要受控于预定义的库存天数。任何超过标准的补货要求，必须通过特定程序进行申请，例外补货也必须有一定依据。这里，我们还要强调一下例外管理的另一个好处，即例外管理是流程改善的触发器。很多企业认为例外太多而干脆取消管理规则是完全错误的做法。

③供应链计划管理部门负责品类管理

品类管理在零售行业是一个非常专业的领域，因为零售行业的品类非常庞杂，变化也非常快，并对利润产生直接的影响。终端到底应该售卖何种产品，产品和渠道如何组合才能在满足市场需求的同时实现企业的利润目标，是决策层面临的挑战。在E公司，品类管理是一个专业职能，但归属于供应链计划管理部门。E公司特地邀请了专业的市场调研公司来指导设立这个专业职能。终端应该售卖哪些产品不是终端门店这个所谓最了解市场的环节说了算，也不是市场销售部门说了算，而是数据说了算，企业的策略说了算。品类管理人员在确定终端销售的产品时不仅参考市场数据，同时结合企业的产品策略，不仅确保近期的利润，也注重平衡中长期的创新需求。

④缺失重要的中长期预测

E公司缺失贯穿端到端的中长期预测，目前仅为供应商提供1个月的预测，完全不能覆盖供应商的制造提前期，因此供应商承受着较大的库存风险。一旦销量出现剧烈波动，风险将成为现实。同时，供应链计划管理部门与供应商之间无直接沟通渠道。E公司目前已经开始布局境外采购，中长期预测的缺失是其未来面临的一大挑战。

⑤在统计预测中没有遵循大数原则

E公司基于单品单店进行统计预测，汇总所有门店的预测数据后，提交区域经理进行调整后形成最终预测数据。而同行业其他公司则直接在单品区域聚合层级上进行预测。按照统计学中的大数原则，在高层级做预测后将其分解到低层级，预测结果更加准确。E公司在进行统计预测时没有遵循大数原则。

⑥计划和门店配送计划联动管理

E公司的采购计划和门店配送计划均由总部集中管理，并且与中长期需求计划联动生成。而同行业内的其他大部分公司由 DC 自行制订日常的补货和门店配送计划，短期的执行计划与中期计划不直接关联。E 公司最大的特点是用终端数据站在最高的层级进行决策，所有的计划人员均在总部，但他们主导着整个企业的品类计划、采购计划、门店配送计划，包括门店出样建议。如果未来 E 公司能够将其计划管理优势延伸至供应商端，则整个产业链的运作效率有很大的提升空间。

2.F 公司需求计划管理实践分享

F 公司是一家家居制造商，也是业界标杆企业，共有 2 个工厂、4 个销售大区、60 多家分公司、2000 个门店。其渠道包括分销和直销渠道，构建了一个从总仓到大区仓库到分公司仓库的多级分销网络。该公司的产品大约有 500 种，制造提前期为 3 个月。

①基于终端出货数据进行预测，平衡通路库存后计算工厂需求

零售行业特别是连锁经营行业的一大优势就是能实时获取终端的出货数据，因此一般较为专业的需求计划管理者不会直接基于工厂出货数据进行预测。如果基于终端出货数据预测，则补货预测的转换需要系统支撑，否则人工工作量非常大。但是也有企业假设通路库存是稳定的，而且直接将终端出货数据预测当作工厂出货数据预测。当然，这与直接以工厂出货数据做预测相比还是有所进步，至少它们知道关注终端销售趋势。

②基于出样数预测和返单率预测来进行终端出货数据预测

前面我们说要基于终端出货数据做预测，但是在各门店的出样数不统一的情况下，最佳实践并非直接根据终端出货数据做预测，而是将终端出货数据分解为出样数和返单率，然后单独对返单率进行预测，再基于未来的出样数预测得出最终的终端出货数据预测结果（终端出货数据预测结果 = 出样数预测结果 × 返单率预测结果）。因为在连锁经营中，出样数预测非常重要，出样的产品有更多被销售的机会，出样 10 个，卖掉 20 个，返单率就是 200%。出样数预测通常是门店

提供的。

③返单率分为基准返单率和促销返单率

前面我们说终端出货数据预测结果 = 出样数预测结果 × 返单率预测结果，实际上这个返单率预测结果不是直接通过销售数据 / 出样数得来的，而是要将原始的返单率拆分为基准返单率和促销返单率。因为如果这个返单率是由一个高强度促销活动带来的，未来没有这个促销活动时，这个返单率必须被修正，否则预测就不准确。

④出样规划建议

一些优秀的连锁经营企业会推荐出样。对以往的销售数据进行分析后发现某些产品的总体销售情况不佳，其中一个重要原因是有些门店不愿意出样，而出样的门店则销量不错，因此，企业可以推荐出样。因为出样基本由门店负责，而每个门店的判断能力是不一样的，所以，对出样进行统一管理对于需求计划编制非常重要。

13.2 线下百货零售行业需求计划管理实践分享

线下百货零售行业中关注需求计划管理的可能仅限于卖场和综合型超市，而其他的标准超市、便利店等小规模零售业态可能与这个话题的距离还十分遥远。百货零售行业基本没有加工环节，取得利润主要依赖产品的快速流通，其需求计划管理比其他行业更加敏感。

线下百货零售企业根据经营面积大小分为大卖场、综合型超市、标准超市、便利店。

①大卖场（一站式购物）：比如沃尔玛、家乐福、大润发、永辉等，单品数量一般在 20 000 件以上，面积一般在 10000 平方米以上。

②综合型超市：单品数量能达到 12000~15000 件，面积一般为 5000~8000 平方米。

③标准超市：单品数量为 5000~8000 件，面积一般为 3000~5000 平方米。

④便利店（社区店）：单品数量为 2000~3000 件，面积一般为 500~1000 平方米。

既然整个零售行业在需求计划管理上有着得天独厚的优势，那零售企业是否发挥了这个优势呢？大部分零售企业没有，它们只是淋漓尽致地发挥了作为零售终端对下游（信息链视角）品牌商的天然影响力。大部分零售企业没有独立专业的需求计划管理职能，它们将需求计划管理的压力传递给了下游品牌商。这样做的后果是什么？下游品牌商不得不完全以库存来应对波动，对于由此造成的利润损失，零售企业也只能与下游品牌商一起承担。这是一种两败俱伤的模式，但也是最主流的模式，因为零售企业不愿意或者不知道如何提供预测或者提供更加精准的预测，而下游品牌商也不知道如何帮助前端提升预测质量，二者完全没有发挥协同优势。由此可见，零售企业提升预测准确性，不仅惠及自身，还将惠及下游品牌商，带动整条产业链提升效率。

在日常的操作中，大部分零售企业依赖买手或者产品经理来编制预测，而产品经理最关注的不是能卖出多少产品，而是什么产品好卖。产品经理既是预测者也是采购者，因此，他更多关注产品本身，而非未来的销售趋势，他是专业的产品经理，而不是专业的需求计划经理。

1. 线下百货零售行业进行需求计划管理的优势

①掌握终端销售数据和客户数据

除了获取终端销售数据，零售企业在近几年也很重视终端客户数据。从客户的消费习惯到消费路径再到消费偏好，零售企业开始对消费者进行划分和画像。个人认为这部分数据比传统的纯产品销售数据更为重要。借助大数据进行分析将会从本质上帮助零售企业更好地获得和抓住目标客户，在市场竞争中占据有利地位。

②对供应商有较强的话语权

我们可以看到，近几年零售企业在管理需求波动方面，越来越主动地影响下游供应商甚至产业链的供应源头。零售企业希望通过主动分享终端的需求计划来影响供应商和供应源头的需求，影响供应商的生产计划和采购计划等内容，这是传统零售企业没有涉足或是涉足不深的领域，但在未来却可能影响整个产业链的格局。

③不仅可以预测，而且可以引导预测

零售企业哪怕是线上零售企业，因为可以引导预测，所以在预测管理上的优势已经超越预测本身。它们可以选择售卖的产品，定义展示的方式和售卖的价格，也就是说，零售企业可以强势引导消费者的购买行为。所以，与传统制造业不同，在零售业，预测可能不是起点，而是一个相对执行层面的业务，品类管理则是更加重要的管理领域。

2. 线下百货零售行业进行需求计划管理面临的挑战

线下百货零售行业在需求计划管理方面面临的挑战主要如下。

①产品品种极多，供应商极多。

②终端分布广，门店数量多，补货模式复杂。

③产品更新速度快，新产品预测难度大。

④竞争激烈，导致促销预测难度大。

⑤产品间互相影响，关系复杂，蚕食效应明显。

⑥品类管理缺失，长尾效应明显，库存管理高度敏感。

线下超市（大卖场、综合型超市、标准超市的合称）对需求计划管理系统有更强的依赖性，这主要是为了让专业人员有更多的时间调整数据，而不是把大量时间浪费在处理数据上。相对于消费品或工业品企业，线下百货零售企业对沟通技能的要求相对较低。

3. 线下百货零售行业需求计划管理实践分享

标准超市、综合型超市、大卖场有比较类似的需求和库存管理流程与模式。它们的共同特点是：门店数量比便利店少，产品数量多，产品周转需要符合品类特性，订货频次固定。三者的日常需求计划管理涉及自下而上及自上而下两个维度。在这三者中，生鲜及短保产品在整体销售中的占比不会太大，所以大部分产品仍采用 DC 集中配送的模式。零售行业中的产品管理非常重要，主要包括品类管理（战略和销售相关目标）、组货管理、价格管理、促销管理等。品类预测（采购预算）是基于商品管理展开的执行计划，并且执行计划将随着时间下沉到 SKU 预测，最终驱动日常补货执行。也就是产品管理驱动品类预测，品类预测驱动 SKU 预测，SKU 预测驱动日常补货执行。下面就线下超市中对预测起到决定性作用的产品管理做分享。

①品类管理

在零售行业中，整个企业及主要部门在年初或每个业务周期的初期，首先需要确定的是未来一年或一段时间内企业整体及各品类的销售目标（即品类目标），其主要涉及销售金额、毛利和相关成本等指标，其中销售成本、毛利和库存周转率等指标将直接决定品类层级的需求计划及管理模型。由此模型计算出来的采购预算是库存管理的基础，而如果需要更细化地管理，则需要将相关的目标数据细化至二级或是更细的分类中。整体来说，品类目标是一个自上而下的预算管理体系，该体系也为零售行业中 S&OP 提供主要数据文件。在零售行业中，这套体系属于一个对零售非常重要的管理工具 OTB（Open To Buy）的重要组成部分，也是管理层在周、月例会上主要讨论和调整的内容之一。在这套管理体系中，任何一次数据的更新都将对需求计划和库存造成本质上的影响。

②组货管理

组货管理主要指采购部门根据品类目标，确定具体产品的工作流程。在这个过程中，采购部门需要考虑不同价位、毛利水平、销售定位、商品形象等方面的内容，最终确定不同销售渠道、门店和业态的产品清单。此份清单在传统 B2C 型的零售业态中大部分是由采购部门制定的；而在电商和新型趋势中，渐渐向采购部门、客户双向选择转变，然后通过一定的汰换逻辑，自动汰换表现较差的产品。在日常的工作中，组货策略会影响需求计划部门的计划、库存管理部门的日常补货、调拨、新品上线、老品清仓及退货等工作。组货管理不仅和实际操作关联紧密，也是零售行业中极其耗时、耗力的一项工作。

③价格管理

价格管理主要指为产品制定价格和进行日常管理。在业务运营过程中，收入、毛利率可能会处于不平衡的状态，有时销售额达到或超出预期但毛利率不达标，有时销售额不达标而毛利率偏高。这个时候就可能需要采购部门或运营部门根据实际情况对价格体系进行调整，而这会对产品的需求计划及库存管理产生最直接的影响。

④促销管理

促销管理主要指采购及运营部门根据市场波动、季节性、产品特性等开展降价、推广活动等，以提高销售业绩。促销活动往往会对一个或多个产品的销售结果造成比较大的影响，所以在零售行业中对促销的需求管理以及对应的库存都需要单独准备和计划。

大家可以看到，上述的任何一项业务调整，都会对产品的销售产生影响。这些业务策略的制定是零售行业编制需求计划的前提。所以，零售行业的预测是基于计划、管控、执行的。如果零售行业能够意识到预测对于下游供应商的价值，并分享数据或分享预测，这样的模式将使双方受益，并且能推动整个产业链效益的提升。

13.3　餐饮行业需求计划管理实践分享

餐饮行业是我国最发达的行业之一，在这个行业中，各企业之间的需求计划管理水平差异极大。其中，一些标杆企业的需求计划管理水平甚至超越了需求计划管理水平总体较高的消费品制造企业。这种超越与餐饮行业的天然优势有一定关系。需求计划管理的马太效应在餐饮行业发挥得淋漓尽致。大部分餐饮企业没有设立专业的需求计划管理职能，它们认为门店最了解客户，于是让门店自己做预测，即让听到"炮火"的人指挥"炮火"。但是我们在这里要分享的是餐饮行业中的另一类极端案例——让听不到"炮火"的人指挥"炮火"。

1. 餐饮行业进行需求计划管理的优势

①掌握终端销售数据

作为零售业态之一的餐饮行业，在需求计划管理上和零售行业一样有着得天独厚的优势，可获取高品质的终端销售数据，包括出样数、终端售卖数据、客流量数据以及终端市场的实时变化数据等，这是其他行业所不能比拟的。

②可以强势引导销售过程

大家在就餐时往往会觉得，无论菜单上精美的图片还是店员的热情推荐，都会对我们的选择产生较强的引导性。恰当使用这种引导性可以对需求产生正向的影响。

2. 餐饮行业进行需求计划管理面临的挑战

餐饮行业在需求计划管理方面面临的挑战如下。

①产品品种多，部分产品保质期短，部分产品对产地、季节有要求。

②连锁餐饮终端分布广，门店数量多。

③产品更新速度快，导致新产品预测难。

④竞争激烈，促销类型繁多，促销预测难。

⑤产品间相互影响，相互分流，但没有强对应关系。

⑥为确保品种的丰富，长尾效应明显，品类管理要求高。

3. 餐饮行业需求计划管理实践分享

①X公司需求计划管理实践分享

X 公司是国际知名餐饮连锁企业，拥有多个品牌、门店上万家、DC 5 个、关键 SKU 600 个，产品形态多样，单品和产品组合并存。该公司不断推陈出新，新老产品相互分流，促销类型繁多，线上销售、线下销售并存。总部需求计划团队在市场部的支持下编制了 18 个月的滚动预测，终端门店不参与调整，并且在 M-2/SKU 层级的平均预测准确性达到 80%。X 公司面临的挑战是要将占销售收入 20% 的长尾 SKU 的预测准确性也提上去，因为作为餐饮行业标杆企业，产品的多样性和可供性、品质的稳定性必须得到保证。由于 X 公司对产品品质要求高，产品市场需求量大，因此其不能通过临时手段进行补货。

A. 专业的需求计划管理职能和强大的系统支撑

X 公司于 2008 年成立了全职的需求计划团队，初始人员均为助理经理以上级别。2012 年，该公司引入某知名需求计划管理系统，流程和体系逐步完善后开始设立计划员职位。目前这个团队已发展成为拥有 8 人的专业团队，并且拥有强大需求计划管理系统来支撑其实施复杂的需求计划管理模式。

B. 客流量预测与售卖率预测分离，基准预测与促销预测分离

中国是零售行业大国，又是互联网大国，并且在大力推动大数据的应用，但是在行动上，有多少家零售企业发挥了大数据的优势？X 公司的需求计划管理就是一个典型的零售行业大数据应用案例。与其他行业不同，零售行业可以实时获取终端售卖数据，并可以将其细化为客流量和售卖率。因此，分别对客流量和售卖率进行预测构成该公司独特的需求计划管理模式。X 公司的客流量预测由财务部门负责，而需求计划部门主要负责千次售卖率（每一千次点单中产品所占的比例）预测，客流量预测结果与千次售卖率预测结果相乘就是产品需求量预测结果。

产品需求量预测结果 $=\Sigma$（客流量预测结果 × 千次售卖率预测结果）

为什么要做这么复杂的处理呢？不能像其他行业一样直接按销量预测吗？这么做的理由是显而易见的：当一个产品的销量下滑，对于其他企业而言只有一种

可能，即销量下滑；而对于 X 公司而言就有两种可能，即人均购买量减少或者进店的客流量减少。区分这两种可能的意义在哪里呢？意义在于可以实现精准促销。对客流量和售卖率实行分离预测是餐饮行业需求计划管理的特色之一。

另外，餐饮行业与消费品行业一样，也以促销作为拉动需求的重要手段，因此，基准预测与促销预测的分离是其需求计划管理的另一个特色。餐饮行业促销方式更加复杂，时间颗粒度非常低，分流效果非常明显，同时还有各种套餐组合，促销后还需要进行历史数据清洗。因此，大家可以想象两种分离预测的组合预测加上历史数据的清洗是怎样一种复杂的情景。

全景需求预测结果 = 常规预测结果 − 分流预测结果 + 促销预测结果 = 客流量预测结果 ×（基准千次售卖率预测结果 − 分流千次售卖率 + 促销千次售卖率）。基准千次售卖率、分流千次售卖率和促销千次售卖率需要通过技术和人工经验进行修正获得。

这就是 X 公司采用专业的需求计划管理系统，以及能够持续输出高品质预测的重要原因。

C. 菜单以及菜单推荐对需求计划的影响

除了上述的量化规则外，餐饮行业的菜单对客户选餐有重要的影响。一些主推产品会以醒目而精美的设计占据半个甚至整个版面，对客户形成强力引导。需求计划经理往往还需要基于菜单设计来调整售卖率预测，并且对相应非主推产品做分流调整，因为需求总量是不变的。另外，由于某些原料的采购周期较长，需求计划需要一定的提前期，如果后续菜单上的主推产品与之前设计的不一致，往往会带来潜在的缺货或呆滞风险。因此，需求计划经理还需要主动与菜单设计部门——研发部门进行沟通，提前了解可能的菜单变化，做好应对准备。

D. 专业而弱势的计划阻碍了需求计划价值最大化

所有企业的执行部门都先于计划部门而存在，强势、分散而灵活。相对而言，计划部门处于弱势地位，但计划部门又强调集中管理。这种矛盾和冲突导致弱势的计划难以在强势的终端得到执行。最终的结果就是总部仅负责中长期需求计划，而终端DC、门店等负责供应商补货以及门店配送计划。这样，中长期计划与短期执行计划之间出现断层，在执行过程中难以协同并进行前瞻性的调整，阻碍了需求计划价值的最大化。

②Y公司需求计划管理实践分享

Y公司是上一案例中的X公司在国内最大的竞争对手。该公司的供应链管理完全外包，由专业服务公司承担Y公司的供应链计划管理和物流配送服务。这些服务覆盖供应链计划与供应链执行职能，包括需求计划、采购计划、配送计划、仓储和物流配送。Y公司的所有终端数据全部与其外包公司进行分享。尽管这部分的标题聚焦于需求计划管理，但是我们还是希望借助这个案例给大家提供一个零售企业供应链计划管理的典型全貌，让大家更好地理解需求计划在整体供应链计划中的价值和定位。

Y公司的外包公司负责编制中长期需求计划，不仅预估未来的市场需求，驱动各种供应能力计划的编制和优化，如中长期物料需求计划、仓储需求计划、运力需求计划等，还确保Y公司需求与后端供应在中长期能力上的匹配和整个产业链的健康，而不是仅仅考虑自身的需求。同时Y公司的外包公司拥有与Y公司前端供应商和后端市场部门直接沟通的渠道，而非通过采购部门进行沟通，这与传统的逐级沟通模式完全不同。Y公司的中长期需求计划部门全部集中在美国，但它们可以监控Y公司所有日常执行计划，一旦出现差异，它们可以立即判断是局部出现了问题还是整体出现了问题。比如，某个产品滞销时，它们能迅速判断这种滞销是区域性的还是普遍性的，并确定是否可以通过执行修正解决，还是需要快速调整供应计划。这种贯通两端的快速反应能力，使得Y公司能通过区域间的快速调整来确保总体供应计划的稳定。

【案例分享】订单管理是计划管理的抓手

某公司需求计划经理认为集中式并贯通端到端的模式是需要顶层设计的，在体系建立时就要明确这种直接沟通方式。采购部门只负责寻源管理，而中长期计划管理、订单管理全部由计划部门负责，并且计划部门可以直接对接供应商。如果过去长期以来的模式都是采购部门与供应商接触，包括订单沟通，现在要突然转换成计划部门直接与供应商接触，计划部门可能会面临一些问题，如计划部门没有足够的话语权，供应商不愿与计划部门合作，计划部门没有足够的人员。将订单管理纳入计划部门虽然是很多跨国企业的通用做法，但是企业管理者必须了解，订单管理和计划是两类完全不同的工作，对能力要求也不一样。然而，将订单管理和计划放到一个部门的确是一种端到端的信息链打通方式。

13.4　消费品制造行业需求计划管理实践分享

需求计划管理在消费品制造行业中得到了最大的发展。为什么不是零售行业呢？因为零售行业普遍将终端优势用于对其供应商的管控上，而较少应用在其预测能力的提升上。零售行业习惯于依赖产业优势向下游供应商转移需求波动风险，而工业品制造行业更多认为需求计划应该由客户提供或销售部门提供，居二者之间的消费品制造行业反倒是需求计划管理能力最强的。消费品制造行业总体需求计划管理水平显著高于其他行业，这与消费品制造行业，特别是快消品行业的特点，即利润空间小、对效率更为敏感有密切关系。但是消费品制造行业中需求计划管理较为成熟的企业普遍为外资企业，这些企业都有独立完整的需求计划管理团队，而且其中 60% 以上的团队都向供应链管理部门汇报，预测模式以自上而下为主，需求计划部门编制基准预测，而销售、市场等部门参与调整。

1. 消费品制造行业进行需求计划管理的优势

①需求呈现连续性和规律性

大部分消费品制造企业无法获取所有终端销售数据，但是其需求总体呈现连续性和规律性，这是工业品制造企业所无法比拟的。

②有限的SKU数量

尽管客户化定制已经成为趋势，但是大部分消费品制造企业的产品是标准的，SKU数量是有限的。市场上也存在一些以生产定制化产品为主的消费品制造企业，比如家居制造企业，这类企业往往有终端门店，对终端销售数据有一定的掌控权。

从产业链视角来看，如果消费品制造企业能与零售商进行协同预测，效率会显著提升。目前，这个模式已经在沃尔玛、屈臣氏、联合利华、宝洁、强生、三星等需求计划管理比较成熟的上、下游企业中得到应用。

2. 消费品制造行业进行需求计划管理面临的挑战

①促销频繁，促销场景差异大，促销预测难。

②产品迭代频繁，但大多数为升级换代产品。

③渠道库存往往会使需求变形或不透明。

消费品制造企业的销售主要为终端驱动，因此其需求计划管理与工业品制造企业相比更多依赖数据分析，专业的需求计划团队在消费品制造企业将发挥更大的价值。消费品制造企业对沟通技能的要求更高。

3. 消费品制造业需求计划管理实践分享

①建立全职专业的需求计划管理团队

当大部分消费品制造企业都在纠结如何让销售部门提交更加准确的预测时，标杆企业似乎不完全依赖销售部门提交预测，甚至有些企业的销售部门都不参与预测，只提供销售计划。这是为什么呢？难道预测不是他们的职责吗？

大部分国际大型快消品制造企业都有这样两个特点：有一个向供应链管理部门汇报的需求计划管理职能和一个需求计划管理系统。它们更多依赖专业的需求计划人员，并借助系统来完成需求计划工作，而不是完全依赖销售部门自下而上地提报预测，但它们会要求销售部门提供预测建议和相关推广政策作为参考。为何它们能不依赖销售部门做预测？对此，首先要了解消费品制造企业的销售部门的职责，消费品制造企业的销售部门和工业品制造企业的销售部门不一样，其主要负责终端和渠道的推广、经销商维护和终端的管理等工作，并不能直接征询消费者的建议。因此，消费品制造企业的销售部门与客户关系松散，但其连续性和终端化的数据分布态势特别适合通过数据分析进行预测，而数据分析不是一线销售人员的特长，更不是他们的主要责任。在这些企业中，需求计划部门才是预测的管理者，而销售和市场部门是预测的支持者，并且是在需求计划部门的帮助下参与调整预测并提交调整说明的。重要的是，预测的责任部门不是销售部门，而是需求计划部门。

②偏好以自上而下为主的预测模式

需求计划部门的专业人员经过系统化的训练，具有较强的数据处理和分析能力以及更广阔的市场视角。基于其经验和统计工具，他们可以在较高的层级如SKU/区域或者品类层级上，做出较为准确的基准预测。从数学角度来看，这种预测的准确性必将超过自下而上归集而来的预测数据的准确性。此外，如果能够借助系统将基准预测分解到销售部门，并为销售部门提供一个调整输入平台，那预测过程将更加完美。知名消费品制造企业之所以借助专业人员和专业系统进行预测，是因为它们了解这项工作不是简单的数据叠加，而是和采购、生产、财务工作一样需要专业技能和进行过程控制。据统计，在消费品制造企业，自上而下的预测模式的准确性比自下而上的预测模式的准确性起码高5%~10%。如果一家消费品制造企业还在使用自下而上的以汇总数据为主的预测方法，就需要重新思考其方向是否正确。

③对基准预测的不懈追求

消费品制造企业虽然不能像零售企业一样进行客流量和千次售卖率的分离预测，但是非常有必要进行基准预测与促销预测的分离，而这正是消费品制造企业面临的挑战之一。一些大型的快消品企业基于预测系统或Excel的支持坚持进行历史数据的清洗，编制基准预测供销售和市场部门参考。比如，某国际知名快消品企业采用多项式拟合技术进行了3次数据清洗和基准预测校验，在业界堪称追求基准预测的典范。同时，更多需求计划管理体系完善的企业在纠结是否需要进行历史数据清洗，但是我们在前面已经说过了，如果没有数据清洗、统计预测技术，人工智能技术等都将无法发挥其价值。

④与市场及销售部门的高效配合

某国际知名消费品制造企业的需求计划部门与销售和市场部门有着相当高的信任度和配合度，需求计划经理会将大部分时间花在与销售和市场部门沟通上。在企业总体库存水平较低的情况下，市场部门如果不提前提交促销计划，则要承担缺货责任。如果促销计划执行不到位，造成滞库，销售和市场部门同样要承担报废风险。需求计划部门还需要与销售和市场部门总结超卖和低卖的具体原因，形成案例，以警示其他区域，形成一种良性的自我修正机制。这件事情说起来简单，但是需要大量的资源投入，所以，企业更应该给予高度重视。

⑤需求计划的奥林匹克

有位需求计划经理告诉我们，她的主要压力不是来自预测不准，而是来自企业内其他产品线。因为该企业针对3条产品线制定了一系列考核措施，并设立了相关奖项，包括全能奖、服务奖、库存奖、目标达成奖和进步奖，考核范围包括预测偏差率、订单交付率、绩效达成率、库存周转率等。出于公平，企业基于不同产品线的商业模式定义了不同的预测难度系数。比如，能够获取终端数据的产品线（专柜销售），其预测难度系数较低。基于经销商出货数据进行预测的产品线，其预测难度系数略高。而通过美容院线渠道进行销售，基于企业出货数据进行预测的产品线，其预测难度系数最高，因为其渠道库存数据完全无法掌控。企业考核采用按 M-3/SKU 层级上的预测准确性进行季度排名和年度奖励的方式，并且以激励性考核为主。因此，企业内各产品线之间形成了良性的竞争氛围，这有效推动了需求计划职能的发展。

⑥组合预测的魅力

B企业是国内知名饮料制造商，在信息系统应用方面一直走在行业的前列。为了提高供应链效率，B企业引入了某知名供应链计划管理系统，但是实施一年之后，项目暂停，原因之一是该系统的预测竟然没有原来的人工预测准确。该系统是基于B企业原有的预测流程，按SKU/分公司编制统计预测的，其原有流程就是分公司逐级申报和汇总预测，该系统就是基于原有模式实现自动预测而已。但在项目暂停一年后，双方经反复探索，发现预测层级有问题，应该按SKU/大区或全国预测而非按SKU/分公司预测。B企业在做出调整并利用组合预测技术后，发现系统对于主销产品（如矿泉水）进行预测的准确性达到70%，对于销量居中的产品，当统计预测经过销售部门的调整后，其预测准确性也明显上升。即使是长尾产品，在市场部门的干预下，其预测准确性也有了更佳的表现。不同产品类别、不同经验视角的组合产生了极佳的融合效果，而这一切的实现都需要专业的需求计划管理职能和需求计划管理系统的支持。

⑦需求预测不仅要指导生产，还要指导分仓补货

这种实践模式可能更加适用于物流成本占比较高的日用消费品制造企业，如饮料产品、洗涤产品、纸品制造企业。该类企业产品的单位价值不高，但单位重量较重或单位体积较大，导致物流成本在其总成本中占比较高。这类企业需要避免分仓之间的横向多次调拨，对一次调拨成功率要求很高，对补货路径规划提出了更高要求，往往采用多工厂对应多DC的交叉补货模式。这类业务场景对需求计划提出了更高的要求，预测颗粒度必须下沉到SKU/DC，而没有专业的需求计划管理职能是难以做到这一点的。

⑧管控通路库存，消除牛鞭效应，倒推终端销售数据

消费品制造企业的产品虽然是销售给终端消费者的，但实际操作中其直接客户是经销商，而经销商本身不是消费者，只是产品的中转者，他们的库存或者补货的节奏往往会使终端真实需求变形。因此，使通路库存透明以及有效管理经销

商的补货行为是每个消费品制造企业都追求的目标，但是能够做到这一点的还是比较少。不过一些品牌较为强势的企业可以影响和引导经销商保持通路库存的透明。需求计划部门可以充分利用通路库存透明的优势，推算终端销售数据，基于终端销售数据进行预测，并对经销商的进货和库存行为进行有效的引导和控制，以确保企业出货预测的准确性。

13.5　工业品制造行业需求计划管理实践分享

工业品制造行业实行的是 B2B 模式，其产品的直接消费者是厂家而非普通终端消费者。从产品视角来看，工业品包括标准产品、客户化产品、配置型产品等。基于前面提到的产业链视角，工业品制造企业位于整个产业链的末端，所谓的居民消费价格指数最终影响工业生产者出厂价格指数就是这样一种产业链关系的反映。因此，对于需求计划管理而言，工业品制造行业的优势已经逐步减弱，面临的挑战却逐步增加，并且不同类别的工业品制造企业之间的需求计划管理模式的差异非常显著。

总体而言，工业品制造企业的需求管理水平要低于消费品制造企业。工业品制造企业普遍认为预测应该由客户提供，否则应该由销售部门提供，所以更多依赖销售分公司或销售业务员自下而上汇总的预测，即使有独立的需求计划部门（大部分工业品制造企业中最多由一个全职的人员管理预测），其也以收集汇总数据为主要工作。因此，在大部分工业品制造企业，需求计划管理职能很难发展完善，预测基本以目标为导向，即使个别企业设置需求计划岗位，该岗位上的员工也普遍无成就感。但是总有一些特别优秀的工业品制造企业在需求计划管理领域走在行业的前列，它们充分意识到需求端 1% 的努力等于或超过供应端 10% 的努力。如果工业品制造企业的需求计划管理是其最薄弱的环节，那也将是改善效果最为显著的环节。

在日常的操作中，较少的企业在考核销售收入的同时考核预测准确性，即使考核，预测准确性的权重也较低。因此，预测不准成为后端供应链的噩梦。对此，供应链管理人员呈现两种态度：一类供应链管理人员认为其可以充分发挥后端的灵活性去平衡前端的波动，"救火"给这类人员带来了成就感；另一类供应链管理人员希望有更多的掌控权，会主动将需求计划管理职能纳入供应链管理部门。他们即使远离客户也能够做好预测吗？对此，实践会给出答案：物理上的距离不是真正的距离，信息上的距离才是！

1. 工业品制造行业进行需求计划管理的优势

①连续消耗的标准产品

尽管工业品制造企业以生产定制化产品为主，但是大部分企业都会生产一部分标准产品，而这类标准产品与定制化产品相比，预测优势非常明显，甚至接近消费品，是工业品制造行业中最容易被预测的，统计预测应用效果较好。

②连续消耗的定制化产品

连续消耗的定制化产品在工业品制造企业中的占比要远高于连续消耗的标准产品，尽管其品种繁多，但由于其需求具有连续性，因此其在需求计划管理上的优势仅弱于连续消耗的标准产品。大部分工业品制造企业都采取同时生产标准产品和定制化产品的混合型制造模式。

③非连续消耗的定制化产品

非连续消耗的定制化产品在内资工业品制造企业中是最具有代表性的。我国庞大的制造业中70%（个人估算）的企业应该是以生产小批量、多品种的产品来打造企业竞争力的。此类产品在需求计划管理上的优势逊于连续消耗的定制化产品，但其优势在于交付周期较长。对这类产品进行预测对于工业品制造企业来说是一大挑战。

④配置型产品

配置型产品在高科技、医疗器械、装备制造等行业是非常普遍的。这类产品在需求计划管理方面面临较大的挑战，因为这类产品是一种动态的产品组合，其产品端的需求非常发散，但是它的优势是关键原料具有通用性。如果成品交期比较合理，企业可以更多聚焦关键原料的预测。

⑤其他优势

工业品制造企业，特别是生产定制化产品的工业品制造企业，有着消费品制造企业无法比拟的巨大优势，那就是销售订单的提前期较长以及与客户的紧密关系。消费品制造企业的产品相对简单，但是现货交付的要求对其供应链管理而言会产生巨大的压力。大部分工业品制造企业都有一定的交期优势，可惜的是很多工业品制造企业没有充分意识到或发挥这一独有的优势。

2. 工业品制造行业需求计划管理面临的挑战

工业品制造企业在需求计划管理方面面临的挑战主要如下。

①产品品种多，普遍在 1000 种以上，多则数万种。

②原料品种多。

③新产品多，工业品制造企业的新产品迭代速度远快于消费品制造企业。

④客户分散，沟通成本高。工业品制造企业与客户关系紧密，这对于需求计划管理而言是一个优势，但是如果客户过度分散，工业品制造企业就面临需求计划管理方面的挑战，因为其需要对客户进行 ABC 分类。

3. 工业品制造行业需求计划管理实践分享

①成立专业独立的需求计划管理团队，并向供应链部门或总经理汇报

通过前面的反复阐述和论证，大家对于需求计划管理是一个独立的专业职能应该已经没有异议了。那在工业品制造企业中，这个职能应该向谁汇报？之前笔者认为工业品制造企业应该通过其与客户的紧密关系来提升预测的准确性，因此需要采取自下而上的预测模式（这也是国外一些专业机构的建议），这也是目前大部分工业品制造企业普遍采用的模式，需求计划人员的主要作用是进行流程管理。随着认知水平的逐步提升，以及众多知名工业品制造企业的需求计划管理实践的验证，笔者发现工业品制造企业的需求计划管理职能同样应该与销售部门形

成制衡而汇报给供应链部门或者总经理，并且依然需要遵循大数原则，因此主要采取自上而下的预测模式。

例如，H 企业是德资化工工业品制造商，自 2008 年开始成立需求计划部门，该部门至今已经扩展到 20 余人。这个职能从无到有，从小到大，从向供应链部门汇报到向亚太需求计划部门汇报。在 2008 年全球金融危机之后，部分外资企业开始设立需求计划管理职能，H 企业是其中的代表。这个职能发展迅猛，并且在经济再次下滑、企业位于裁员风口之际，也没有受到任何影响，这是为什么呢？因为管理层看到了这个职能的价值：有了这个职能后，或者说在后端制造与前端销售之间多了需求计划管理这样一道防线后，效率不仅得到提升，订单交付率也明显提升，而库存水平明显下降，这给企业带来了更多的利润。

还有一个案例如下。

W 企业是一家国际知名高科技企业，也是业界开展需求计划管理的典范。其在中国有大量子公司（独资企业、合资企业均有），各子企业因收购时间、股权结构等问题，管理水平参差不齐，甚至子公司不同产品线也有差异。W 企业某条产品线在 2013 年设立了独立的需求计划管理职能（由 1 人负责），该负责人向 S&OP 经理汇报，S&OP 经理向总经理汇报。该职能运行一年半后，成品库存水平下降 40%，同时订单准交率提升。该产品线有 3000 多个 SKU，由于工厂独立，尚未统计该职能的设立对原料库存的影响。W 企业另外一条产品线的情况就恰恰相反，该产品线的需求计划由总经理做决策，结果库存水平高企，甚至慢动库存水平达到 50% 以上。

由于需求计划管理职能的重要性，我们必须再举第三个案例来论证，独立的并向供应链部门或总经理汇报的需求计划管理模式在工业品制造企业也是适用的。S 企业是一家通信产品制造商，其产品属于配置型的定制化产品，其销售模式属于项目型。S 企业在 2008 年成立了由来自供应链、销售和研发等部门的优秀人才组成的全职需求计划管理团队，该团队需要与销售部门在前线并肩战斗。

同时，S企业开发了相关的预测系统，在职能、流程和工具上均投入了大量资源，其在 M-1/SKU 层级的预测准确性达到 70%，这在行业内是非常了不起的成就。这种预测能力已经是 S 企业核心的差异化竞争力之一，让 S 企业走在了行业前列。

②基准预测在工业品制造企业中同样重要

既然我们前面提出了建立专业、独立，并且向非销售部门汇报的需求计划管理职能非常重要，那这个职能的主要职责是什么呢？它需要直接做预测吗？当然，它将是预测的主导者。很多管理者会认为，这个职能根本不了解客户和市场，难以做好预测。对此，管理者要先思考何为了解客户和市场以及了解客户和市场的证据是什么。在对客户、市场的判断方面，后端不一定比前端差，关键就在于谁有更多的信息，更全、更大的视角，或者对信息进行了更深入的提炼和拥有更强的判断力。需求计划部门了解客户、市场以及它们之间的差异，了解后端的限制，更了解产品以及企业战略。在前面案例所述的几家企业中，需求计划部门与销售和市场部门在同一个办公场所办公，在信息分享上实现了无缝衔接。计划团队既要有对市场和客户的洞见，也要有逻辑严谨的数据处理能力。在 H 企业和 W 企业中，都是由需求计划部门提供基准预测的，销售或市场部门则参与调整。这两家企业都曾经尝试让销售部门直接做预测，结果效果很差，销售人员流动性大，工作重心也不在预测上。在 H 企业，对于有些产品，甚至不需要销售部门直接参与调整预测，它们提供反馈和建议即可。需求计划部门通过与销售部门的沟通，对于行业的理解在广度和深度上都有了更多沉淀，这使其预测质量远超过销售部门的预测质量。所以，销售部门不是最好的预测编制者，却是最好的预测调整者。

③如何为配置型产品选择预测层级

配置型产品在高科技行业非常普遍，包括计算机、医疗器械、商用客车、安防设备等行业。对于这类产品，一般有 3 种预测方式：一种是在成品层级上预测；一种是在原料层级上预测；还有一种是将二者结合，一部分产品在成品层级预测，另一部分产品在原料层级预测。在成品层级上预测面临的挑战是需要预估可能有多少种产品组合，以及每种产品组合所占的比例是多少。如果产品组合总数可以参考历史数据，那每种产品组合的占比是否也可以参考历史数据呢？但不同产品组合的占比往往会随着市场偏好的变化而变化。生产这类产品的企业大部分由销售部门主导预测，仅有一部分由专业的需求计划部门主导预测。这主要是因为配置型产品的技术含量较高，客户化特征非常强。还有一种预测方式是，销售部门负责预测总量，需求计划部门负责将其分解到每个具体的 SKU 上。另外，由于预测最重要的目的是确保长周期关键原料的备货充足，那是否可以直接在原料层级预测呢？当然可以，如果成品多而原料少，在半成品层级或者原料层级上预测也是一种选择，H 企业就是这样做的，这种选择也遵循大数原则。从数学角度来看，在原料层级上预测的准确性要高于在成品层级上预测的准确性，但前提是成品多而原料少。

④需求计划管理者首先得获得销售部门的信任

在培训过程中，我们发现工业品制造企业的需求计划团队提到的最多一个的问题就是销售部门不配合，总经理不支持，也就是该团队难以获得信任。在这里，我们仍以 H 企业为例来说明其需求计划管理团队是如何获得销售部门和管理层的信任的。H 企业的需求计划管理团队不仅为销售部门提供基准预测，而且与销售部门分享基准预测是基于哪些假设前提和信息编制的，以便双方相互验证各自的判断。在销售部门因某个项目难以把控成功率而不敢正式汇报时，需求计划部门会帮助销售部门做好备货确认，尽量规避因漏报而产生的供应风险。当销售部门忙于日常业务而忽略目标达成率时，需求计划部门还实时提醒其销售进度和项目进度。当销售部门对目标失去信心时，需求计划部门还安慰鼓励销售部门，帮助其深入分析，寻找潜在的销售机会。需求计划部门与销售部门成为一体，相互支撑，用实际行动赢得销售部门的信任，同时也赢得了管理层的信任。在 S 企业也有这样一个信任建立过程。起初，销售部门并不信任，甚至防范新成立的需求计划部门，认为需求计划部门会干扰其开展业务，增加其管理风险，但是最后销售部门十分信任和依赖需求计划部门的判断。

⑤多层次的有序沟通才是效率的保证

在一个建制完整的工业品制造企业中，会有需求计划部门、订单中心（客服部门），以及销售、采购和生产等执行部门。应对变化和调整时，重要的是建立规范而不是简单、扁平化的沟通规则。大家可能认为扁平化会提高效率，其实扁平化往往容易导致混乱。比如，当订单发生变化时，最扁平化的沟通方式是销售部门直接联系采购或生产部门，跳过所有中间环节。但如果销售部门总是这么沟通，采购和生产部门可能将陷入瘫痪。所以，一些外资企业会规定部门之间的沟通方式。比如，销售部门可以和大部分部门直接沟通，分享信息，但是在订单交付方面，订单中心是其唯一的官方沟通渠道，即销售部门与订单中心沟通，订单中心再与需求计划部门沟通，需求计划部门再与采购、生产等部门沟通，将沟通结果反馈至订单中心，再由订单中心反馈至销售部门。同样，需求计划部门如果发现趋势异常，需要与销售部门沟通，并由其将最终调整结果更新至供应计划端，进而通知执行部门，而非直接通知采购或生产部门。有序才能更加高效，因为企业成功依赖的不只是某个人，也不只是某个部门。

另外，我们要在这里特别强调订单中心与需求计划部门的沟通规则。不少需求计划经理是从订单经理转变而来的，因为大家认为订单经理有着很好的市场和客户基础。但是在日常的工作中，很多企业却忽视了需求计划部门与订单中心这两个部门之间的信息分享，没有实现订单中心的深层次价值，也就是对客户订单行为的分析和分享。订单中心往往是第一个感受到客户变化的角色，也是第一个可以对客户订单行为进行引导的角色，通过与客户沟通，也是第一个了解其变化原因的角色。这些重要的信息是否能被及时整理和分析并分享给各部门呢？往往没有，其中对信息诉求最强烈的部门就是需求计划部门，它们需要用这个信息来调整需求预估，平衡机会和风险。

⑥解释预测准确性比预测准确性本身更加重要

我们在前文提到评估预测偏差不是为了考核偏差而是为了解释偏差，因为大家想知道的是预测为何不准或者为何准，只有这样才可以在后续持续提高预测准确性。一些企业在这一点上做得非常到位，它们都要求对预测的调整进行说明，也就是说明调整预测的假设前提是什么。因此，对每期滚动预测的评估更多不是对数据的评估，而是对假设前提的评估：这些假设前提是否还存在？是否有变化？如果你的假设前提不存在了，那预测不准不是你的问题。背后的原因往往比前台的数据更加重要。

⑦前瞻性竞争力——考核对预测准确性的预测

如果考核预测准确性，大家通常不会有异议，但是如果要考核你对预测准确性的预测，你会接受吗？你认为考核预测准确性和考核对预测准确性的预测，哪个更合理或者更容易接受？大部分人会选择传统做法，即考核预测准确性。毕竟这更直接：准确性高则获得奖励，准确性低则面临处罚或者没奖励。如果考核对预测准确性的预测，情况就不一样了。例如，实际预测准确性达到了75%，但是你预测你的预测准确性时比较悲观，认为可能只有55%。在这种情况下，如果考核预测准确性，你会被奖励；但是如果考核对预测准确性的预测，你可能无法获得奖励。反之，如果实际预测准确性只有55%，但你预测自己的预测准确性为60%。在这种情况下，按照直接考核预测准确性的方式，你可能无法获得奖励；但是按对预测准确性的预测这一规则进行考核，你可能会被奖励。大家是否认为这种规则有些匪夷所思？但这是某国际知名高科技制造商在其S&OP审计条款中的规则。该企业的S&OP流程是全球领先的，其在国内更是行业标杆企业，因此其不太可能莫名其妙地采用某个评估指标。这个指标体现了前瞻性管理的精髓：不要任何惊吓（No Surprise）。Surprise在英文中是一个中性词，可以指好消息或坏消息。这家企业告诉管理团队：我们不需要任何意外发生，无论好消息还是坏消息都要提前预测。如果你预测你的预测准确性只有 55%，那你就要调整策略以应对 45% 的偏差，如果你误判了，那你的策略就会出现偏差。不怕做不好，就怕你不知道自己做不好。

13.6 汽配行业需求计划管理实践分享

1. 汽配行业进行需求计划管理的优势

①客户提供预测

虽然我们将客户提供预测作为一种优势，但实际上汽配企业的客户所提供的预测质量存在显著差异。因此，汽配企业收到的预测的质量参差不齐、期间长短不一。就某些主机厂的低品质预测而言，其提供预测看似支持，实则误导，并且剥夺了供应商（汽配企业）提升自身需求计划能力的机会。

②连续消耗

在汽配行业，无论项目大小，一个车型在上市后，其需求量通常都是连续变化的，产品销量也是基本稳定的，整体的风险是可控的，并且主机厂与汽配企业都是强绑定的长期合作关系，这是其他行业没有的一个优势。

③终端市场数据透明

汽配行业的另一个优势是终端市场数据透明。无论你是几级供应商，如果你愿意，你都可以通过行业协会、车管所、统计机构获取上游客户或者主机厂的销售数据。其他行业似乎没有这样完整、透明的终端市场数据。

④产品、客户和供应商都比较稳定

汽配行业还有一个优势是产品、客户和供应商都相对稳定。这个行业由于对品质的高要求，各环节间的合作关系都比较稳固，产业链相对封闭。这对需求计划管理也比较有利，因为沟通成本低，产品滞库风险低。但是近几年也出现了因车型的快速迭代而带来的库存风险增加的情况。

2. 汽配行业需求计划管理面临的挑战

①为主机厂提供备件——工业品预测模式

如果我们认为客户（主机厂）愿意提供预测表示汽配企业比较强势就大错特错了。主机厂愿意提供预测是为了要求汽配企业保证 100% 的现货交付，但是如果出现预测过高而导致库存积压或产品报废，主机厂并不承担或只承担非常有限的因预测不准而产生的缺货或者报废风险。因此，汽配行业面临的挑战与其他行业不同，主要是自我挑战，也就是汽配企业需要选择是否完全按照主机厂的预测进行生产，还是敢于基于自己的判断做出一些调整。

②为售后市场提供配件——消费品预测模式

汽配企业的售后市场和其他消费品制造企业一样，经销商是不会提供预测的，大部分经销商也不分享库存状况和产品流向信息。所以，这个市场的预测就完全依赖汽配企业自身的预判能力了。

3. 案例与行业实践分享

①总部试图规范工厂的需求计划管理

Z 企业是一家德资背景的汽配制造商，在中国有 20 多家工厂。Z 企业因其管理模式成为行业内的典型代表，其供应链管理部门设置在总部，对工厂仅仅提供支持和指导，无直接管理权。在需求计划管理方面，主机厂与工厂直接对接。行使指导权的总部供应链管理部门希望通过需求计划管理水平的提升来推动工厂运作效率的提升，因此向工厂推荐引入需求计划管理系统。但是工厂不希望承担调整主机厂预测带来的潜在风险，不愿意配合做这样的改善。这在汽配行业非常普遍。但是也有一些企业，比如前面提到的 H 企业，其有条产品线也向主机厂供货，其就引入了需求计划管理系统，并将自己的预测与主机厂的预测进行对比。如果发生较大偏差，其会主动基于数据和分析假设与主机厂沟通。基于极高的缺货风险，其不会未经主机厂的同意调低预测，但是可以基于自己的评估，调高预测以获取更多的生意机会。所以，客户提供预测，不意味着企业可以不作为，每个企业都需要对自己负责。但是大部分的汽配企业依赖主机厂，导致其本身的需求计划管理能力或管理需求计划的意愿被弱化。

②建立独立于销售部门与工厂的供应链管理职能

这个案例体现的是汽配行业中非典型的管理模式。一个企业的职能架构的调整往往反映着其管理理念的变化。G 企业是一家轮胎制造厂商，自 2009 年开始将原来归属于市场以及物流部门的部分管理职能独立出来，成立了供应链管理部门，该部门负责客服、需求计划、补货计划以及运输计划等方面的管理工作。这一变革构建了一个真正以计划为核心，直接连接客户的端到端的供应链管理体系。该部门完全独立于相关执行部门，如工厂、物流、采购、销售等部门，这从组织架构上体现了供应链管理的全局视角。对于主机厂备件预测，G 企业充分利用汽配行业终端市场数据透明的优势，基于主机厂的销售数据主动编制了未来 3 个月的预测，其在 M-1/SKU/ 客户层级上的预测，准确性达到 80%~90%。汽配企业由于利润空间较小，效率型供应链是其管理基调，一个集成的供应链管理职能架构是效率型供应链最好的支撑，但是这种赋予供应链部门直接管理权的模式在汽配行业并不常见。对于自有售后备件预测，汽配行业和消费品制造行业几乎没有区别，它们都采用现货交易模式，都生产标准化的产品，但汽配行业的缺货压力更大。在这种压力下，必须有库存做牺牲，如果库存控制不当，企业利润会受到影响。所以汽配行业需要向消费品制造行业学习其高效的管理模式，而 G 企业的管理模式堪称行业典范，因为 G 企业也拥有专业全职的需求计划管理团队，能对预测、补货和库存进行主动和统一的管理。

13.7　总结：扬长避短就是最佳实践

在本章，我们选择了部分具有差异化管理特点的行业做了实践分享，列举了多种场景下的需求计划管理实践。我们透过这些案例的表象可以发现，需求计划管理的最佳实践就是发挥优势、规避劣势。我们从需求计划管理的视角列示了这些行业的管理优势和管理劣势，并基于这些优劣势给出了行业实践案例。这些案例中的企业都有一个特点，就是建立了专业化的需求计划管理体系。在缺失体系的支撑时，所有的实践探索都是难以推动和沉淀的。需求计划和其他业务一样，是一个需要进行专业化管理的领域，因为采用专业模式和业余模式产生的结果是天差地别的。

第 **14** 章

你是未来的超级预测家吗

我们从思维模式和技术方法这两个维度给大家做一个总结。

14.1 思维模式

1. 概率思维

预测家们对未来某件事情发生的可能性一般都会用数学的方式来表示。比如说玩扑克牌，经验丰富者做的第一件事情是算牌，并且在游戏过程中他们会持续做这样的计算，以确定如何出牌胜算更大。在一些预测管理体系比较完善的企业，你会发现需求计划部门的预测往往低于目标，特别是在经济低迷时期。其有胆识揭示这个差异，是因为其有概率思维。其不仅敢于揭示差异，还会指出如果按目标执行可能出现的库存风险。当然，其也必须列示潜在的机会，这种严格、规范的预测表达机制，就是概率思维的重要体现。

2. 慢思考

这个概念是诺贝尔经济学奖得主丹尼尔·卡尼曼在《思考，快与慢》一书中提出来的。卡尼曼认为我们的大脑有两个操作系统：一个是快速的、不费力的、直觉式的、容易出错的系统，我们平时走路、吃饭、聊天或者是工作都是用这个系统；另外一个是缓慢的、耗费能量的、反直觉的、理智的系统，一般在需要自我控制或者是在解决复杂问题、做出重大决定的时候，我们才会启用它。这两个系统有点像走路和跑步的区别，超级预测家就是一直在跑步的人，他们在接收任何信息时都必须强迫自己启用第二个系统。他们不能停，一停下来就容易出错，而一点点错误就会导致最终的预测结果有很大的偏差。精准预测是一件极度消耗精力的事情，因为预测者进行的是慢思考。在实际业务中，我们经常会看到一些企业喜欢快速更新预测，特别是让前端销售部门每周更新预测，认为这是快速响应市场的表现。其实，预测要求的是准，不是快，预测过程也是一个慢思考过程，使用的是第二个系统。如果一定要求快，大家不得不启用第一个系统，也就是凭直觉判断，那出错的概率当然是很高的。采用执行的节奏做计划，往往就会越忙越乱。

3. 成长型思维

研究发现，真正具备成长型思维的人并不多。喜欢做预测的人通常都具备成长型思维，因为预测本身就是一项比较难掌握的技能，没有人一开始就能做得特别好。唯一可以确定的是，随着时间的推移，人们一定会越做越好，当然，中间肯定会遭受无数的挫折。坚持长期、全职，并在有压力的情况下做一件永远都不会完全正确的事情，首先要面对的就是巨大的心理挑战。预测者必须持开放心态，敢于挑战不确定性，敢于在试错中成长。其实前端预测不准，后端做的计划永远也不会准，一味认为都是预测不准的错，是一种鸵鸟行为，也是一种认知偏差。如果前端无为，后端则永远只能被动应对，功倍而事半。

14.2　技术方法

前面介绍了一些思维模式，那遇到具体的问题时到底该怎么做呢？

1. 分解问题

这种方法是一位叫作费米的专门研究原子弹的物理学家提出来的，所以也叫作费米方法。他可以不借助任何工具对一个不太可能知道的答案给出一个合理的预测，后来大部分预测者在做预测的时候都会用这种方法。在实际的业务中有一种受跨国快消品制造业青睐的预测技术称为积木法（Building Block），也叫事件预测法（Activity Based Forecasting），其在本质上也是一种分解问题的方法。用分解问题的方法对所有影响预测的因素进行拆分，然后基于预先定义的规则和可以获取的影响因素计算预测值，最后把各个预测值叠加，就能得出一个有依据的预测结果。

2. 集合视角

我们要多视角地看问题，特别是不能陷入细节而忽略整体，要从外部视角、从更大的视角去审视全局，再切换到内部视角去关注细节。此外，我们还要尽可能地去寻找其他的视角，比如和问题相关的正反论据、同事的研究发现、竞争对手的最新动态，总之就是要全方位地看问题，以消除信息死角，最终尽可能基于所有的视角得出答案。在数学上，这种方法被称为贝叶斯方程，也就是将不同的视角组合，以消除单一视角带来的偏差而得到最佳解。

3. 持续迭代

这种方法是指在确定了一个结果后，在这个结果的基础上持续关注相关信息的最新动态，做出频繁的小幅度调整，最后就能得到一个更加精准的预测。

在一些分享中我们总是提到：看见、预见和洞见。"看见"就是凭直觉快速判断，大部分企业的预测管理就处于这样一种状态，它们请一线销售人员来担此重任。"预见"属于第二阶段，一些企业有专业的需求计划管理团队，它们采用集合视角进行判断。"洞见"则是在历练了数年之后才能达到的境界。

我们没有将这一章放在最前面，因为怕大家看了之后对号入座！笔者在拜访一些需求计划管理方面表现比较出色的企业时，它们都提到一件事情，就是需求计划经理的任期一定要长于销售、市场等部门的人员，也就是在企业待的时间要比他们长。人人都想成为超级预测家，但是很少有人同时具备并掌握上述思维模式和技术方法，所以我们强调团队协作的重要性，并且预测者必须比销售和市场人员更加有韧性，并坚持得更久，不停地试错。一位供应链专家说："如果预测很准，供应链从业者岂不是要失业了？"其实这个世界上没有绝对准确的事情。人要勇于试错，那企业呢？在需求计划管理这个领域，大部分企业什么都没做，却总是说预测不准，或者根本没做任何推动预测准确性提升的事情，却还在为自己的无所作为找借口。

后 记

　　本书从成稿到出版历经数年，这种拖延是否就是要以实际行动来加持"预测总是不准的"这个核心的标签。虽然在这个过程中也有多位朋友认为世界变化太快，本书有些内容可能已经不适合新的时代了。然而，有趣的是，张莉和曹晖博士作为始终与企业一起站在风口浪尖的弄潮儿却在看到本书内容时产生了极强的共鸣。这也许正验证了我们对于预测另一个标签"不确定性"的共同认知——万变不离其宗。在全世界都认为"不确定性"就是"唯一的确定性"的今天，人们的差异就表现在"谁能看到其中的'确定性'"这一点上。对于企业管理来说，其除了要直面"不确定性"外别无选择。预测就是对"不确定性"的管理，它之所以被称为"需求计划"，也正是因为这一点，一个好的计划必须"蓄谋已久"，必须"处心积虑"，必须"瞻前顾后"，这也正是本书的写作心态。最后，要特别感谢为此书的顺利出版付出辛苦和努力的编辑老师。